EL VIAJE TRANSFORMADOR DE UNA JOVEN
PACIENTE EN TERAPIA DE REGRESIÓN

SANANDO
EL PROFUNDO
DOLOR INTERIOR

Dr. Peter Mack

PRÓLOGO DE ANDY TOMLINSON

Publicación por From the Heart Press:
Primera publicación en inglés 2011
Publicación en español 2015

Sitio web: www.fromtheheartpress.com

Derechos del texto: Peter Mack
ISBN: 978-0-9572507-7-2

Todos los derechos reservados. A excepción de breves citas en artículos de críticas o reseñas, queda prohibida la reproducción parcial o total de este libro en cualquier forma sin el permiso escrito previo del editor.

Los derechos de Peter Mack para ser identificado como autor han sido acordados en conformidad con el Copyright, Designs and Patents Act 1988.

Está disponible un registro del catálogo CIP para este libro en la British Library.

Diseño: Ashleigh Hanson, email: hansonashleigh@hotmail.com
Traducción: Carmen Martínez Jover, email: carmenmj@gmail.com & Andre Espinoza del Toro, email: andresu_92@hotmail.com

Para contactar a Peter Mack email: dr02162h@yahoo.com.sg.

Contenidos

Prólogo	
Introducción	1
Capítulo Uno: Extrema Necesidad	7
Capítulo Dos: Quedarse Atascada	19
Capítulo Tres: Sentirse Atrapada	27
Capítulo Cuatro: Rendirse al Cambio	35
Capítulo Cinco: Memoria Reprimida	45
Capítulo Seis: Voz Interior	53
Capítulo Siete: Profundidades de la Desesperación	67
Capítulo Ocho: Vacío	81
Capítulo Nueve: Impotencia y Miedo	91
Capítulo Diez: Lucha Por Recordar	105
Capítulo Once: Afrontar el Reto	123
Capítulo Doce: El Avance	143
Capítulo Trece: Asuntos Pendientes	159
Capítulo Catorce: El Vínculo de la Llave	177
Capítulo Quince: La Transformación	189
Epílogo	199
Apéndice	201
Glosario	203
Lecturas Complementarias	211
Asociaciones de Terapia de Regresión	215
Sobre el Autor	217

Exclusión de Responsabilidad

Este libro no pretende ser una forma de sensacionalismo en torno a la hipnosis y la terapia de regresión, ni promoverlos como una forma de cura milagrosa. El autor coincide en que la hipnoterapia y la terapia de regresión son terapias complementarias y no reemplazan la práctica de medicina convencional. Cada situación de los pacientes es única y merece una atención individual. Del mismo modo, aquellos en la profesión de la ayuda que están involucrados en la asistencia a los pacientes con experiencias traumáticas deberán consultar a los profesionales médicos en caso y cuando la necesidad de atención médica surja.

Agradecimientos

El aprendizaje desde la experiencia es tan antiguo como las colinas. Todos aprendemos lecciones valiosas de otros que son capaces de mostrarnos su experiencia y conectar su experiencia con la nuestra. En pos de este fin, estoy extremadamente agradecido a mi paciente Petrina (pseudónimo), por su valentía y disposición para compartir los detalles de su experiencia de sanación con los lectores. Es su deseo que las lecciones aprendidas de su viaje transformador sean compartidas como una fuente de inspiración para otros pacientes en situaciones similares.

Se han usado sólo pseudónimos para los personajes que aparecen en este libro. Asimismo, sus características personales han sido modificadas o cambiadas para proteger sus identidades.

Deseo expresar mi agradecimiento a las siguientes personas que han hecho de este libro una realidad:

- Hermana Susan Loh y Hermana Tan Siok Bee por proporcionar el apoyo y estímulo necesarios.
- El equipo entero de enfermería en la G Clinic por su permiso y cooperación para usar el centro ambulatorio para la terapia.
- Dr. Vikram Jaisinghani y Dr. Darren Koh por leer un primer borrador de este libro y proporcionar sugerencias constructivas para revisión. Dr. Ng Han Seong, Presidente de la Junta Médica, y Sra. Tan-Huang Shuo Mei, Directora de Comunicaciones, quien otorgó el permiso para el uso del nombre del Hospital General de Singapur como el fondo contextual de la historia.
- Dr. Ong Biauw Chi y Sra. Serene Wong quien proporcionó asesoramiento ético desde la perspectiva de las regulaciones del Singapore Medical Council.

- Sra. Elizabeth Choo Mei Yue de la SingHealth Legal Office quien proporcionó asesoramiento legal.

Prólogo

Conocí a Peter en el 2009 cuando él era estudiante en un programa de entrenamiento de terapia de regresión que estaba dando en Singapur. Nunca supuse entonces que este altamente respetado profesional médico se convertiría en tan talentoso terapeuta de regresión y colega, que procedería a introducir la terapia de regresión al mundo médico en Singapur. Luego colaboraría en uno de mis libros *Transformando el Alma Eterna*, escribiendo un capítulo sobre el uso de la terapia de regresión en la práctica médica. Así que añadir mis comentarios a su primer libro sobre el tema es un deleite para mí.

La terapia de regresión y la hipnosis han sido usadas en todas las formas de psicoterapia durante muchos años – tanto directa, como indirectamente. Simplemente pidiendo a un cliente que se enfoque en su interior, éste entra en un trance hipnótico, o si se le pregunta a un cliente qué es lo que está ocurriendo en el tiempo cuando experimentó su problema por primera vez, sucede una regresión simple. El manejo de la catarsis, memorias corporales congeladas por un trauma profundo, transformación, e integración de la experiencia en la vida actual del cliente requiere muchas más habilidades. La hipnosis ha sido ampliamente aceptada como una poderosa herramienta de sanación en muchos países – desde 1955 fue aceptada por la British Medical Association como una herramienta médica valiosa, y en 1958 por la American Medical Association. La terapia de regresión, que une la hipnosis y técnicas de regresión de otras psicoterapias en un enfoque, ha tomado más tiempo en obtener una aceptación médica. Esto puede ser porque los terapeutas de regresión, quienes respetan las experiencias internas de sus clientes, pueden trabajar con lo que parecieran ser vidas pasadas o encuentros espirituales. La cultura o el miedo a trabajar fuera de los límites tradicionales pueden haber contribuido a esta lenta aceptación. No obstante, cuando los profesionales médicos experimentan la rápida sanación por sí mismos o en sus pacientes, cambian sus perspectivas.

Para mantener estándares, establecí una asociación para mis graduados en terapia de regresión llamada *Spiritual Regression Therapy Association*, y trabajando en conjunto con escuelas líderes en terapia de regresión, se ha establecido un estándar internacional a través de una organización llamada *European Association of Regression Therapy*. Ésta rápidamente se expandió para trabajar en todo el mundo. Ser uno de los cofundadores me dio la oportunidad de estar en el grupo de trabajo cubriendo la nueva aceptación de la escuela de entrenamiento. Estas asociaciones se benefician de terapeutas de regresión de muchos orígenes, incluyendo psicoterapeutas y un número creciente de psicólogos clínicos, psiquiatras y médicos. Todos comparten la misma comprensión del poder de este enfoque a la sanación.

Este libro es un absorbente relato de una de las pacientes de Peter. Ella estaba severamente traumatizada por eventos emocionalmente paralizantes durante su vida que la dejaron sintiéndose suicida y abandonada. Incapaz de ser curada por medio de la medicina tradicional, esta es una conmovedora historia de la dedicación de Peter para ayudarle usando hipnosis y la terapia de regresión. Peter comparte sus preocupaciones, perspectivas y deleite conforme se le guió a la clienta en su viaje de transformación hacia la recuperación completa. Es un testimonio de la firme determinación que Peter encontró mientras se encontraba aún ocupado como médico de tiempo completo en el hospital. Notarás que genera una montaña rusa de emociones para el lector y es una gran lectura.

Andy Tomlinson
Director – Past Life Regression Academy – July 2011

Introducción

Hola oscuridad, mi vieja amiga,
Vengo a hablar contigo de nuevo.
– Paul Simon

Ayudar a las personas que lo requieren le trae a uno alegría. Darse cuenta que la persona a la que has ayudado es ahora capaz de ayudar a otros es una alegría aún mayor. Esto, en esencia, es la motivación detrás de escribir este libro.

Hace décadas, había poca distinción entre el concepto de "sanación", que pertenecía a la delicada esfera de las emociones y la espiritualidad, con el "tratamiento clínico", que pertenecía a una esfera más técnica y controlada de habilidad médica. Sin embargo, conforme el progreso médico se inclinaba hacia la ciencia y la tecnología, las cosas cambiaron. Yo crecí en un entorno científico y disfrutaba de abundantes oportunidades durante mi carrera en la aplicación de ciencia médica para corregir disfunciones humanas. Después de la graduación, me sentí atraído a la especialidad en cirugía, porque la disciplina me daba una habilidad especial para corregir la anatomía patológica. Por muchos años la ciencia de la medicina cautivó mi interés. No obstante, después de tres décadas de práctica médica, miré atrás para volver a examinar el paradigma de la causa de las enfermedades, y sentí que algo hacía falta. Cada vez que me encontraba cara a cara con pacientes que se presentaban con síntomas médicamente inexplicables, la brecha en nuestro conocimiento se hizo más obvia.

El enfoque a los síntomas inexplicables en la medicina convencional ha sido típicamente ocultar el problema de diagnóstico debajo de un disfraz terminológico. Tendemos a usar comúnmente etiquetas clínicas como "síndrome", "idiopático" o "trastorno funcional". Por otro lado, permanecemos en silencio sobre qué tanto el uso de tales etiquetas contribuye al nuevo conocimiento o sumado a nuestra sabiduría para ayudar a nuestros pacientes a salir de su aflicción.

El paradigma médico convencional enseña que todas las enfermedades caen en uno de varios procesos físicos, tal como inflamatorio, genético, vascular, degenerativo, hormonal, infeccioso, neoplásico o inmunológico. En contraste, el estrés emocional es tradicionalmente considerado como foráneo para esta lista. A lo más es relegado en la categoría de un disparador, pero no un factor etiológico. Esto se debe a que la perspectiva de la sanación en la medicina moderna es en gran parte biológica. Pocos, si acaso algunos practicantes están preparados para explorar la posibilidad de aprovechar el poder de los pensamientos, las emociones y los sentimientos para influir en la salud física.

Apalancarse en las emociones y pensamientos para la sanación involucra el acceso a la mente inconsciente. Milton Erickson, el padre de la hipnoterapia moderna, una vez dijo que la mayor parte de la vida de un individuo está determinada inconscientemente. Aún así, el inconsciente no es necesariamente incambiable. El objetivo de la psicoterapia psicodinámica es de hecho hacer la mente inconsciente del paciente más consciente. Somos conscientes de que el valor positivo de la psicoterapia está basado en la habilidad del individuo de cambiar. Es destacado con menos frecuencia el hecho de que este cambio es más efectivamente logrado en el estado de trance cuando el paciente se enfoca en sus patrones inconscientes, incluyendo sus valores y sus marcos de referencia.

Sanar a alguien es hacer al individuo saludable, completo o coherente. Aunque mi propia carrera médica se ha centrado en gran medida en la práctica de la cirugía, he realizado de manera privada a través de los años estudios en hipnoterapia. Mi interés personal en el inconsciente me ha llevado a explorar la restauración de la salud por medio de un campo diferente.

El proceso de la hipnosis permite un acceso directo a la mente inconsciente del paciente. Se ha comprobado que en muchas situaciones donde la medicina convencional no tiene soluciones que ofrecer, los pacientes han sido capaces de sanarse a sí mismos aprovechando el poder de su experiencia en el estado de trance. El trance es el estado mental en el que la hipnosis tiene lugar. Es un estado alterado de conciencia en el que el aprendizaje rápido y el cambio son más probables de ocurrir. Uso el término sinonímicamente con estado hipnótico en este libro. La habilidad de entrar en trance es un recurso valioso en la sanación. En trance podemos aprovechar el poder de la mente inconsciente para recuperar nuestro aprendizaje perdido, crear cambios y construir nuevos patrones de comportamiento para restablecer la salud y volverse saludable de nuevo.

La hipnosis tiene un tremendo potencial para facilitar una variedad de estrategias de sanación. Su efectividad clave como una modalidad terapéutica depende en gran medida de su capacidad de despertar el compromiso y motivación del paciente. Simplemente entrar en el estado hipnótico puede inducir relajación y reducir el estrés, pero puede adicionalmente ayudar a acelerar el impacto de la psicoterapia.

Este libro está basado en la historia real de una joven paciente cuyo trauma emocional y aflicción psicológica fue tratada con la terapia de regresión hipnótica en un entorno hospitalario. El modelo médico tradicional nos enseña que los pacientes que son infelices, impotentes y desesperanzados, se encuentran en el sombrío borde de un proceso de enfermedad mental que requiere farmacoterapia. Sin embargo, mis estudios de hipnosis me han entrenado para ver la depresión de manera diferente. Prefiero verla como el comienzo de un proceso de desenlace de autoconciencia. Desde esta perspectiva, los pacientes afligidos se pueden beneficiar de una integración de su psique con su soma a través del uso de la hipnosis. Además, sus síntomas pueden ser usados como oportunidades en vez de catástrofes en el proceso de sanación. Reemplazar las experiencias negativas con patrones que beneficiarían el humor, panorama y comportamiento del paciente es la meta última en tal terapia.

La hipnoterapia abarca una amplia variedad de métodos y técnicas que comparten un concepto común. Es el concepto que los individuos frecuentemente tienen más habilidades de las que ellos conscientemente se dan cuenta. La regresión es un componente especializado que puede ser aplicado con una gran retribución a pacientes con dificultades emocionales en curso, resultado de experiencias negativas del pasado. He usado la terapia de regresión extensivamente en la paciente en este libro, y el resultado clínico positivo y la transformación subsecuente contienen la mayor parte de la temática de este libro.

Se han aprendido varias lecciones del viaje transformador de este paciente. En primer lugar, la terapia exitosa requiere de gran atención y a menudo se equipara a una atención personal cercana con el paciente. En segundo lugar, los estados de ánimo depresivos pueden ser muy constrictivos. El sentimiento de tristeza oprime la mente, agobia al cuerpo y oscurece el espíritu. Los pacientes deprimidos pueden tener temor al vacío porque les recuerda la soledad. Cuando experimentan crisis de vida y traumas emocionales, necesitan entender que su recuperación puede ser mejorada por su propio involucramiento activo y creativo. En tercer lugar, una manera efectiva de estimular un estado de ánimo depresivo involucra el uso de terapia expresiva, ya sea en la forma de escritura o dibujo. La terapia expresiva le permite a los pacientes activar o movilizar sus recursos y facilita la liberación de su espíritu creativo para evocar el proceso central de sanación.

En cuarto lugar, he aprendido que hay un tiempo correcto para que el terapeuta le diga al paciente sobre sus preocupaciones y un tiempo adecuado para ofrecer ayuda. Obtener el historial clínico de un paciente emocionalmente traumatizado requiere más paciencia y tiempo que cualquier otra categoría médica. En el proceso de elucidar la historia de la crisis de vida durante la regresión, la infusión de esperanza forma una parte muy importante de la terapia. Uno debe hablar más cuando los pacientes están en camino y observar el silencio cuando están alterados. Hacer un registro de las observaciones de respuesta y regularmente analizarlas es fundamental para una terapia dinámica. En breve, aprender y sanar son inseparables en el proceso terapéutico.

En quinto lugar, el perdón causa un corto circuito a la aflicción, trae paz interior y restablece la salud física. Requiere soltar y es un poderoso álcalino que neutraliza la acidez del enojo, el odio y la amargura. Las fuerzas del perdón están latentes y operan durante una crisis cuando encontramos una fuerza insospechada dentro de nosotros. En ocasiones una transformación espontánea puede tener lugar en nosotros. En muchas maneras el acto de perdonar es la clave para sanar el dolor que yace en el interior.

Por último, al aprender a dar terapia, hemos de valorar los tiempos de oscuridad tanto como los periodos de iluminación. Usamos los obstáculos de los pacientes para crecer, en vez de prometer su completa desaparición. En tiempos de oscuridad la creatividad permitida por la confusión es el prerrequisito para obtener claridad en la solución al problema.

Este libro ha sido escrito con tres tipos de lector en mente: en primer lugar, el terapeuta, quien encontrará que la historia resuena con su propia experiencia clínica, en segundo lugar, el practicante médico, quien se interesa en comprender cómo las terapias alternativas pueden posiblemente complementar la medicina moderna, y en tercer lugar, y en tercer lugar, el paciente, quien está en una búsqueda desesperada de opciones de tratamiento cuando la farmacoterapia por si sola ha probado ser inadecuada en su situación.

Capítulo Uno

Extrema Necesidad

El acto de compasión comienza con una atención completa, tal como el rapport. Debes realmente mirar a la persona. Si miras a la persona, naturalmente surge la empatía. Si te sintonizas con la otra persona, la sientes. Si surge la empatía, y si esa persona se encuentra en extrema necesidad puede entonces venir la preocupación empática. Quieres ayudarle, y esto a su vez inicia el acto compasivo.

– Daniel Goleman

El teléfono sonó. a media mañana del miércoles 24 de noviembre del 2010 y yo estaba en el departamento de atención ambulatoria especializada realizando mi clínica matutina. Contesté el recibidor y escuché la voz de la enfermera Beatrice del otro lado de la línea.

–Buenos días, Dr. Mack– comenzó, con su usual tono flemático. –Tenemos a una paciente en el Servicio de Neurología que necesita de su ayuda.

Beatrice era una enfermera de práctica avanzada adscrita a la disciplina de Neurología. Una enfermera dinámica y con visión, había estado muy ocupada últimamente porque estaba en los últimos meses para completar su posgrado en estudios de enfermería. Dio la casualidad que ella y yo habíamos sido compañeros entusiastas en la práctica de la hipnoterapia a lo largo de los dos años anteriores. Sin embargo, dado su reciente compromiso con sus estudios, había estado solicitando mi asistencia para algunos de sus pacientes. Así que esta llamada no llegó de sorpresa.

—Ella es de hecho miembro del personal del Departamento de Oftalmología, – comenzó. –Se desmayó en el trabajo y tiene problemas emocionales muy profundos que surgen de los problemas en su relación y su carrera. Ella solía ser una ejecutante estrella en su trabajo pero ahora se enfrenta a problemas con su supervisor. Se ha debilitado emocionalmente a tal punto que creo que debemos ayudarle. Los médicos de guardia han hecho su ronda de la mañana y la están dando de alta hoy. Creo que necesita un mes de incapacidad por hospitalización para descansar en casa y que se le de tratamiento mientras tanto. He sugerido esto al pasante, y también le dije a la paciente que debe verlo tan pronto le den de alta. ¿Cómo puedo organizarlo?

Este era el estilo de comunicación usual de Beatrice. Ella tiene una manera para persuadir a que las personas hagan cosas y se muevan hacia territorios inexplorados. El problema clínico, como fue descrito por teléfono, no sonaba como el tipo de paciente usual que Beatrice me referiría para hipnoterapia. Había una ansiedad sutil en su voz, y un sentido inequívoco de preocupación sobre el bienestar de la paciente. Esto no era sorprendente, últimamente Beatrice había tenido la reputación de ser una señorita-arregla-todo para los problemas sociales y emocionales en el Departamento de Neurología.

Nunca he rechazado una solicitud de Beatrice. Dado que estaba aún ocupado con mi clínica matutina, le dije que le diera mi número de celular a la paciente y que le iría a visitar a la sala más tarde.

A finales de la mañana, después de completar mi última consulta, comencé a caminar hacia el bloque de hospitalización. En un estado contemplativo, mi ser intuitivo me decía que estaba por encontrarme cara a cara con un gran reto. Conforme entraba por la puerta de la Sala de Neurología, un enfermero mayor me saludó cortésmente.

—Señor, ¿Es usted el Dr. Mack?

–Sí.– asentí. –He venido a ver a una paciente que ha sido referida a mí por la enfermera Beatrice.
–Oh, me temo que se acaba de ir por su electroencefalograma (EEG). ¿Quisiera verla en la sala de EEG? Está en este mismo pasillo.
–No se preocupe. Volveré más tarde.– Sonreí.
–Seguro. Es una muchacha joven y está en cama 25/7.
Una muchacha joven ... hmmm ... ¡Estaba intrigado! ¡Honestamente estaba esperando encontrarme con una mujer de edad mediana en medio de una crisis de los cuarenta!

Una hora más tarde volví a la sala y me encontré cara a cara con la paciente por primera vez. Su nombre era Petrina. Era una dama de aspecto muy dulce, de cabello largo y oscuro, ojos cafés, una barbilla afilada y hoyuelos en ambas mejillas. Ella tenía 25 años y su cabeza tenía la forma de una semilla de melón. Estaba ataviada en pijamas turquesa de hospital y estaba sentada en su cama, silenciosamente sollozando.

Conforme me acerqué, inmediatamente noté su fragilidad y mala alimentación. Su peso corporal era de sólo 35 kilogramos en aquel tiempo. Su cabello medía medio brazo, con una parte de su cuero cabelludo a la izquierda de la línea media, causando que su peinado inclinado cubriera la parte derecha de su frente y la mitad lateral de su ojo derecho. Detrás los mechones de pelo dispersos, discerní sus lágrimas cayendo por sus mejillas. Estaba aturdida, y parecía estar abrumada por la tristeza. Era muy obvio que estaba pasando por una crisis emocional.

Me presenté y noté que apenas tenía el vigor para apretarme la mano. A través de la nebulosidad en sus ojos pude percibir sus emociones de agonía conforme luchaba para comenzar un diálogo conmigo. Mi corazón de pronto se sintió pesado.

Jalé una silla y me senté al lado de su cama. Ella habló en voz abaja pero muy inteligentemente, trabajaba como empleada en el mostrador de servicio al paciente en el Departamento de Oftalmología y tuvo una pérdida del conocimiento en la Oficina del Director el día anterior. Después de que el equipo de Código Azul del hospital la atendió, se le trajo a la Sala de Emergencias y subsecuentemente fue ingresada a la Sala de Neurología para una mayor investigación. Ella reconoció que la enfermera Beatrice había hablado con ella largo y tendido antes sobre las opciones de tratamiento y le dio mi número de contacto.

Conforme escuchaba, notaba que se veía pálida, fatigada y oprimida. Sumergida bajo su complexión tranquila había un desesperado grito de ayuda. Comenzó hablando sobre sus problemas clínicos pero para mi horror, su memoria era pobre y su historia no fluía. Por otra parte, su narrativa estaba puntuada por sollozos intermedios. Hacer sentido de su problema clínico fue un reto.

Por lo que pude deducir, venía de un trasfondo Budista. Tenía un matrimonio muy infeliz, había experimentado tres abortos y había tenido que trabajar duro para pagar las crecientes deudas de su marido. Había estado sufriendo de dolores de cabeza punzantes desde entonces, entró en depresión y comenzó a perder su memoria. Desde entonces había estado experimentando pérdidas del conocimiento. Recordaba que sus ataques de desmayos comenzaron desde enero del 2010. Estos ataques eran siempre repentinos, impredecibles y usualmente eran precedidos por un súbito sonido agudo en los oídos, mareos y una sensación de náusea. Ella había estado en la Sala de Emergencias en múltiples ocasiones por sus desmayos y no había signos de mejoría.

Para obtener una mejor cronología de su enfermedad, entré al sistema computacional de registro del hospital. Petrina fue vista por primera vez en el Departamento de Emergencias en el Hospital General de Singapur (Singapore General Hospital (SGH)) en octubre del 2010. Se notó que ella tuvo un ataque sincopal después del almuerzo y fue referida por el personal de la Clínica al Departamento de Emergencias. Ella se sentía mareada, con síntomas de tinnitus y subsecuentemente se desmayaba. Afortunadamente la atrapó una de sus colegas a tiempo y previno que cayera. En ese entonces ella estaba al final de su periodo menstrual. Dado que la tomografía de su cabeza fue normal, ella rechazó la idea de ser hospitalizada para una mayor investigación.

Se desmayó de nuevo el 4 de noviembre y experimentaba dificultad para respirar en esa ocasión. Se le vio en la Sala de Emergencias del Hospital General Changi (Changi General Hospital (CGH)). Aparentemente había tenido un brote de infección respiratoria durante la semana anterior y otra vez no tuvo interés en ser ingresada al hospital. Mientras estaba formada para hacer el pago en el mostrador de facturación, sufrió otro desmayo. Eventualmente cambió de opinión y fue ingresada durante esa visita. Después de una observación nocturna en el CGH, se le dio de alta al día siguiente con el presunto diagnóstico de un síncope inducido por la gripe.

Justo antes de que la ingresaran, se desmayó en el trabajo durante la hora pico de la clínica. Segundos antes de que colapsara, recuerda una voz masculina diciéndole: –Hey, Petrina, estás muy cansada, es hora de que duermas bien sin despertar.– Se desmayó inmediatamente, resultando en una conmoción en el lugar de trabajo. Después de haber sido llevada a la Sala de Emergencias, se notó que su ritmo cardíaco era muy veloz, a 173 por minuto. Al mismo tiempo ella estaba experimentando un dolor en el pecho que le oprimía. El doctor de la Sala de Emergencias, al no sentirse cómodo con su síncope, decidió ingresarla a la Sala de Neurología para mayor investigación.

Durante la ronda de la sala esa mañana, el equipo de Neurólogos decidió que ella estaba suficientemente bien para irse a casa y volver al trabajo. Esto parece haber irritado a la hermana Louise, quien era la Oficial de Enfermería a cargo de la sala.

Aparentemente la hermana Louise había divisado las emociones profundamente arraigadas de Petrina, durante su ronda de enfermería. Ella alertó a la pasante, la Dra. Shanti, que Petrina requeriría atención especial por sus problemas emocionales y señaló que su problema clínico, en esencia, no era ni neurológico ni psiquiátrico. Por otro lado, ella la percibía como una paciente profundamente traumatizada quien necesitaba un largo período de incapacidad médica para recuperarse. La Dra. Shanti no se sentía cómoda con su sugerencia de todos modos. Después de todo, la paciente no exhibía ningún signo de anormalidades físicas, de laboratorio o radiológicas para justificar un largo permiso de incapacidad. En la ausencia de una recomendación formal de un doctor de mayor nivel de una especialidad relevante, ella sintió que era demasiada responsabilidad sobre ella que le otorgaran un largo permiso de incapacidad médica.

La hermana Louise tenía muchos años de experiencia en enfermería neuroquirúrgica en otro hospital antes de ser enviada al SGH, y no era alguien que cediera fácilmente. Ella entendía por su experiencia clínica anterior, que muchos pacientes que se desmayan por respuestas vasovagales tenían problemas emocionales subyacentes, y Petrina entraba en esa categoría. Si ninguno de los doctores de la sala estaba preparado para ofrecer ayuda, ella no vacilaría en buscar asistencia externa por su cuenta. La enfermera Beatrice enseguida atendió su petición y habló con Petrina. No obstante, dado que ya pronto tenía programado un permiso para sus estudios, no estaba disponible para realizar el compromiso a largo plazo de cuidar de Petrina.

En medio de mi interacción con Petrina, de pronto interrumpió. –Oh, ¡lo siento! Mi hermano está aquí para visitarme.
– Un hombre joven, bien vestido y portando una etiqueta corporativa con su nombre estaba parado detrás de mí.

La hora de visitas del almuerzo había comenzado. El hermano de Petrina trabajaba como ejecutivo en el Departamento de Recursos Humanos. Su oficina estaba cerca y él había aprovechado la conveniencia física para visitar a su hermana. Cortésmente me despedí y le aseguré a Petrina que retomaría mi conversación con ella más tarde.

Volví a la Sala de Neurología a las 3:30 pm. Para mi sorpresa, Petrina había recobrado su compostura y su complexión era muy diferente. Había arreglado su pelo, secado sus ojos, y maquillado su cara. Esta vez me saludó con gracia, con una sonrisa y parecía estar más consciente de sus alrededores. Fue capaz de ofrecer una historia más coherente esta vez.

Petrina experimentó tres abortos en 2006, 2009 y 2010. Interrumpió su primer embarazo en 2006 justo antes de su matrimonio. En aquel entonces ella y Joshua, su futuro cónyuge, decidieron que no estaban ni financiera ni socialmente listos para cuidar de un niño. Después de su casamiento ella se dio cuenta que su marido no era el individuo responsable que ella esperaba. El síntoma de la sensación de pulsaciones en su cabeza comenzó cuando ella estaba enfrentándose a los problemas del inicio de una familia. Ella también notó que el síntoma empeoraba cada vez que escuchaba música.

En 2007 su matrimonio se deterioró. Joshua trabajaba como gerente de operaciones en una empresa de joyería, y un año después de casarse expresó su deseo de continuar con sus estudios. Él quería estudiar un Diplomado en Administración de Empresas y necesitaba dinero. Petrina, por otro lado, estaba trabajando en un salón de belleza. Ella era un individuo segura de sí misma, de alto vuelo, y pronto se convirtió en la gerente de un departamento en el negocio de la belleza. Sin embargo, tenía que trabajar muy duro todos los días de la semana, haciendo ventas y administrando el centro de llamadas. Además de su salario base de $2100, su comisión podía ser sustancial y en ocasiones mensualmente llegaba a ser de hasta $5000. No obstante, había tenido que financiar los estudios de su marido y pagar todas sus cuentas extravagantes. La depresión se estableció conforme sus finanzas se estrecharon. Su insomnio comenzó a ser cada vez más problemático. Ella tenía un sueño ligero para empezar, y la privación de sueño de los tres años anteriores habían hecho mella en ella. Como resultado se sentía cada vez más cansada en las mañanas. Observaba su expresión facial y escuchaba su historia atentamente. Detrás de su máscara de elegancia, podía sentir una mezcla de tristeza y dolor que se escapaba mientras ella hablaba.

En 2009 tuvo su segundo aborto y se deprimió de forma aguda después de ello. –Puedo escuchar a un niño hablándome: ¿Dónde está mi mamá? – dijo con un sollozo.

–¿Es una voz real la que escuchas? – Pregunté con curiosidad.

–Sí, es una voz, pero su frecuencia de aparición ha disminuido después de tomar medicamentos, – contestó ella.

Ella no se atrevía a contarle a sus familiares, especialmente a su madre, sobre el aborto. Su madre también había sido victima de la depresión por los últimos 20 años, y su problema surgió por el fracaso de su propio matrimonio. Aparentemente su madre se había divorciado y vuelto a casar. Su padre, por otro lado, vivía ahora con una de sus tías maternas (Fig. 1).

Fig. 1: Genograma – Depresión en la familia

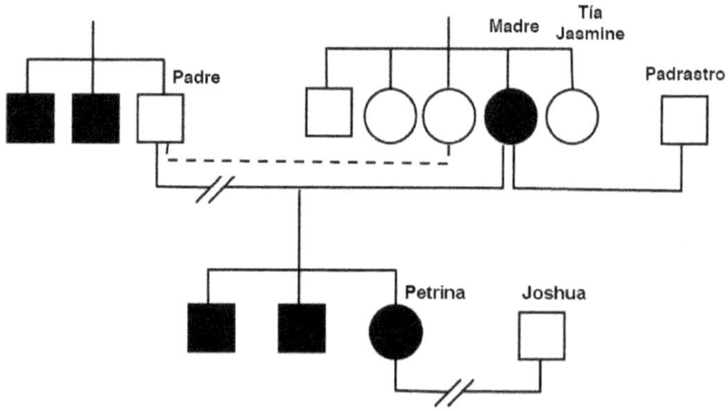

Con el deterioro de su salud, Petrina pronto se encontró incapaz de continuar con su frenético trabajo en el salón de belleza. Renunció y decidió unirse al sector de la salud como empleada en el mostrador de servicios al paciente por un salario de sólo $1300 al mes.

Mientras tanto, la culpa por sus abortos la estaba consumiendo. Para enero del 2010 comenzaba a experimentar desmayos.

Inicialmente experimentaba un sonido agudo como un síntoma prodrómico, seguido inmediatamente por el desmayo que podía durar desde unos minutos hasta media hora. Cada episodio estaba acompañado con sudor frío. Estos episodios de desmayo se hicieron más frecuentes y para mayo del 2010 ocurrían hasta dos o tres veces a la semana. La duración de los desmayos también se incrementó. En una ocasión se desmayó y permaneció inconsciente por ocho horas antes de despertar.

Estos desmayos le habían cansado mucho física y mentalmente. Hace seis meses, llegó a un punto en el que solicitó un permiso para descansar sin paga, pero su supervisor categóricamente se lo denegó. Luego ella se forzó a seguir trabajando hasta que estaba a punto de físicamente apagarse. Su memoria de la gente a su alrededor, incluyendo algunos de sus colegas y amigos, se estaba perdiendo. En este entonces, ella recordaba a un amigo "psicólogo" llamado Aaron que le estaba ayudando en este período tan difícil. Sin embargo, por alguna razón, su memoria de él también se desvaneció.

Petrina se hizo el hábito de fumar durante los tres años anteriores. Había sido la que compraba los cigarros para su marido, y después de un tiempo se le unió y comenzaron a fumar juntos. En su vida laboral podía trabajar desde 20 y hasta 30 cigarros al día, pero afortunadamente no se había hecho psicológicamente dependiente a ello aún.

En agosto del 2010 descubrió que su esposo estaba teniendo una aventura con su buena amiga Hazel, pero de nuevo, había perdido la mayor parte de la memoria en torno a la identidad de Hazel y el grupo social al que pertenecían ella y Hazel.

–De algún modo no quiero recordarlos. No quiero compartir lo que recuerdo de ese día. El nombre de la mujer es Hazel. Me agito con ese nombre, – comentó, con una chispa de enojo en sus ojos. –Ella estaba migrando a Canadá. Yo le estaba ayudando a empacar sus cosas para mudarse de casa, – recordaba, –y luego ví debajo de su cama una foto de ella y mi esposo juntos. –

Brotaban lágrimas de sus ojos. –Todo ese grupo de amigos sabía del romance pero no me dijeron, – continuó con amargura. – Abandoné el grupo entero de amigos desde entonces, – lloró. Petrina ya había aplicado para el divorcio. Sin embargo, su suegra tenía 80 años y la había tratado muy bien. Desafortunadamente la anciana tenía que trabajar aún como lavaplatos en un restaurante para suplementar el ingreso del hogar. Con el divorcio, su esposo habría tenido que vender la casa para pagar sus propias deudas. Después de eso su suegra no tendría donde vivir, y esto parecía haber agravado el sentimiento de culpa de Petrina. Desde el divorcio, Petrina se había salido de la casa y se estaba quedando con su madre.

El 10 de noviembre, una semana después de que la dieron de alta de CGH, Petrina consultó al doctor de la familia en Old Airport Road, al Dr. Wong, sobre sus problemas. Después de diagnosticar su estado de ansiedad, le prescribió Nordazepam y Alprazolam. Antes, ya había tratado exitosamente sus síntomas de síncopa e insomnio originados desde su mente inconsciente. Ambas medicinas que prescribía pertenecían a la clase de tranquilizadores menores. El Nordazepam tiene propiedades ansiolíticas y sedativas, Petrina había consumido cautelosamente sólo 3 tabletas hasta la fecha. El Alprazolam, por otro lado, es un medicamento de acción corta y era usado como tratamiento adjunto para la ansiedad con depresión moderada. Ella estaba renuente a tomarla y yo noté que el paquete de la medicación no había sido abierto aún.

La salud general de Petrina había estado rápidamente deteriorándose desde el comienzo de su ansiedad y su depresión. Su doctor familiar había acordado una cita para ver a un psiquiatra en el Gleneagles Hospital en enero del 2011, pero ella no estaba dispuesta a ir. No quería ser estigmatizada como una enferma mental, ni podía pagar las cuotas de los especialistas médicos privados. Más tarde me di cuenta que su esposo había tomado todo el dinero de ella desde que ella había iniciado el divorcio. También, sin previo aviso, había retirado los últimos $7000 de su cuenta bancaria, que estaba conjuntamente a su nombre.

Estaba perturbado por la sensación de desesperación de Petrina. Aún así, a su corta edad, sentía que podía dar buen uso a la notable capacidad dentro de ella misma para recuperarse del dolor que había experimentado. ¿Quizá podía percibir su depresión como una llamada de atención para despertar? ¿Quizá sería capaz de ver su condición presente como el comienzo de un viaje mayor? No obstante, la integridad de su mente y de su ser se habían escabullido de alguna manera y ella necesitaba ayuda para encontrarlos de nuevo. ¿Era yo la persona apropiada para ayudarle? ¿Creería ella que este viaje mayor le llevaría eventualmente a sentirse completa y feliz de nuevo? Sabía muy bien que si me comprometía, sería también una oportunidad para un profundo cambio en mí. Después de pensarlo un poco, le aseguré a Petrina que yo podía ayudarle en todo el camino.

El siguiente problema era sobre su permiso de incapacidad médica. Caminé a la estación central de enfermería, obtuve su expediente, me senté y escribí un memo de una página a la Dra. Shanti, estableciendo todas las razones por las cuales apoyaba la decisión de Petrina de tener un mes de permiso por incapacidad médica.

Después de trabajar esa noche, mentalmente repasé la historia que se me había otorgado. Allí estaban mis brechas. Pude entender la razón por la que Petrina reprimió su memoria de aquellos amigos que la habían "traicionado", pero por qué también olvidó aquellas memorias de sus colegas del trabajo y de su amigo psicólogo que se dio la molestia de ayudarle? También, si el segundo aborto había sido una fuente importante de su trauma emocional, ¿por qué pasar por el trauma de un tercer embarazo y aborto? Desde un nivel más pragmático, me preguntaba si su memoria que se desvanecía, ¿le permitiría recordarme como su terapeuta cuando la viera de nuevo …?

Decidí que, en esta etapa, necesitaba investigar más mientras esperaba por una mayor información.

Capítulo Dos
Quedarse Atascada

La desesperación es la materia prima del cambio drástico. Sólo aquellos que pueden dejar atrás todo, son aquellos que han creído y pueden tener la esperanza de escapar.

– William S. Burroughs

Después de la ronda de mi guardia matutina el día siguiente, pasé a la Sala de Neurología para buscar a Petrina. Una enfermera del personal me encontró en el pasillo e inmediatamente me informó que ella había sido dada de alta la noche anterior con el diagnóstico de un síncope vasovagal. Los hallazgos del EEG, la tomografía cerebral y la prueba de parado/mesa inclinada resultaron normales. Los resultados de la prueba simpática de respuesta de la piel estaban en consonancia con el entendimiento que sus repetidos ataques de síncope vasovagal venían de la acumulación de sangre en las extremidades que causaba un flujo sanguíneo reducido al cerebro. Lo que fue reconfortante escuchar fue que la Dra. Shanti eventualmente le otorgó el permiso de incapacidad médica y fue con base en mi recomendación.

Petrina estaba descansando en casa cuando le llamé. No sonaba como si tuviera problemas recordando quien era yo o recordando el contenido de nuestra conversación del día anterior. Después de una noche de descanso había llegado a un acuerdo sobre cómo manejar sus desmayos. Decidió que su síncope era tan impredecible y amenazador que ya no era seguro que saliera sola de la casa. En vez de eso, prefería acordar con un miembro de la familia que le acompañara al hospital para la siguiente cita. En esa nota ofrecí verla la tarde del siguiente lunes en la clínica de atención ambulatoria.

El problema de Petrina estuvo fuera de mi mente por el resto del día. No obstante, la siguiente noche recibí un email ansioso de ella. Aparentemente había elegido seguir a su madre fuera de la casa para visitar al doctor para una cita programada durante la tarde del viernes. Su hermano estaba manejando y aún dentro del coche, sentada junto a su mamá, ella sufrió un desmayo repentino.

–Tuve un desmayo de nuevo anoche camino a la cita con el doctor de mi mamá, en el coche. Después de ello por alrededor de 30 minutos no podía recordar dónde estaba y cuál era el propósito de ir al doctor con mi mamá. Poco después de otros 20 minutos comencé a recordar. Al parecer estoy empeorando. Estoy comenzando a preocuparme ya que empezaré a olvidar todo eventualmente …

Había un claro tono depresivo en su mensaje. Reflexioné sobre su problema. Ella había estado sufriendo de memorias traumáticas y sus experiencias emocionalmente cargadas le habían llevado al desarrollo de signos y síntomas de una amnesia disociativa. Sus repetidos apagones de memoria parecían ser una manifestación de una respuesta de negación para mí. No estaba muy cómodo sumergiéndome en este difícil problema clínico suyo, pero creía que tenía las herramientas para descubrir la raíz de su disparador emocional.

Llamé a Petrina para reconfortarla. La sanación en su situación debe comenzar con esperanza. Ella debía saber que podía hacer una diferencia en cómo se sentiría y cómo viviría su vida. Recordando que ella era de fe Budista, le pregunté acerca de su experiencia anterior en meditación. No tenía ninguna. Le persuadí a que aprendiera y que comenzara con la base que la meditación ha demostrado ser valiosa para disminuir el estrés y aquietar la mente.

Hace algún tiempo, vi y escuché un par de videos realmente relajantes de meditación en YouTube. Uno de ellos, llamado *"Guided Meditation – Deep Relaxation©"* mostraba un clip de olas del océano rompiendo en la orilla contra el fondo de un sol poniente. Adicionalmente, había un script de meditación guiada con el fondo de música relajante. Luego recordé también identificar un segundo video clip llamado *"Ultra Deep Guided Meditation for You"* que contenía animaciones gráficas hipnóticas en adición a sus efectos de sonido.

Le reenvié ambos vínculos a Petrina. Ella me prometió que haría buen uso de ellos. Apenas me percataba en esta etapa que ella había emprendido el aprendizaje de una de las más útiles herramientas de autogestión para su vida.

****

Durante el fin de semana, la enfermera Beatrice se había ido a Australia para su rotación de clínica. Le actualicé sobre el progreso de Petrina y, en particular, le hablé sobre los desmayos. Curiosamente, ella había tenido una perspectiva muy diferente del síncope y era de la opinión de que sugestiones implícitas podían jugar un rol grande en su caso. Ella escribió sobre su conversación inicial y su experiencia con ella:

–Gracias por la actualización. Por cierto, permíteme compartir contigo que Petrina vio a un practicante general quien le dijo: –Vi exactamente el mismo caso que el tuyo, y ella es capaz ahora de despertar de su sueño, aturdida …– Hablando del poder de la sugestión, está ocurriéndole a ella. Petrina misma mencionó que ella sabe que no hay nada mal con ella. También le dije que usualmente todas las pruebas iban a resultar normales y que ella iba a necesitar alguna clase de terapia.

Reflexioné sobre las palabras de Beatrice y me reía solo. Bien, si Petrina tenía tan alto nivel de sugestionabilidad, sería una candidata ideal para la hipnoterapia y una bendición.

****

En la tarde del lunes Petrina se presentó en la clínica para su primera sesión de terapia. Su hermano le había llevado a SGH desde su casa en Tampines, y ella había aprovechado el tiempo en el coche mientras estaban atrapados en el tráfico para escuchar la música y el script de meditación de los dos videos que había logrado descargar a su iPhone.

Ella se presentó en una blusa simple con una falda oscura. Había maquillado su cara y realzó su apariencia con pestañas postizas. Ella estaba visiblemente luchando con un semblante cansado y debajo de ese exterior cansado había una sensación parcialmente sumergida de angustia. Había un set de hermosas obras de arte en el manicure de sus uñas de las manos y pies. Era un diseño atractivo de color carmesí que le había tomado tres horas en crear. Más tarde supe que el arte de las uñas siempre le había interesado y que quería tomar un Curso Diploma como técnico en uñas en algún punto. A pesar de que era un hobby bastante cansado, ella lo disfrutaba porque el proceso de crear el arte de las uñas le hacía "sentirse segura y en control".

Tuve una muy breve conversación con su hermano mayor quien la acompañó a la clínica. Él me sorprendió con una observación casual de que ¡¡él no había estado en contacto con su hermana Petrina por los últimos tres años y no tenía idea de por qué y cómo de pronto se había enfermado así!! Se me ocurrió entonces que Petrina había estado ocultando su predicamento no sólo de su madre, sino de su hermano también. Subsecuentemente ella me dijo que la razón de su silencio era porque si su hermano hubiese sabido lo que Joshua le había hecho, habría golpeado a su ex esposo. Ella no quería que su hermano terminara en la estación de policía.

Dentro de la sala de consulta, Petrina abrió un sobre con una recomendación formal de la Dra. Shanti de Neurología. Llevaba adjunto un resumen clínico detallado. Conforme observaba el documento, un pedazo de detalle me llamó la atención. Había una entrada en las notas clínicas de que Petrina había tenido su primer ataque sincopal cuando era niña. Le pregunté y lo confirmó, añadiendo que el ataque ocurrió alrededor del tiempo en el que su madre estaba preparándose para el divorcio de su padre.

Desde su alta de la Sala de Neurología hacía cinco días, ella no había dormido bien y sus desmayos y pérdida de memoria continuaban siendo fuente de preocupación. Por otro lado, sus familiares ya se estaban acostumbrando a su síncope frecuente. Con los ataques, sus estados de ánimo fluctuaban y eran dominados por emociones específicas de vez en cuando. Lo que era singular es que ella era capaz, como paciente, de escoger descriptores muy aptos para sus síntomas.

Había estado experimentando sentimientos de "ser presionada" cuando intentaba recordar su pasado. "Es como estar encerrado o atrapado en un cuarto y ser incapaz de salir," ella describió. "Es como una sensación de estar enjaulada."

Escuché con atención y tomé nota de su descripción precisa. En mi rol de terapeuta, estaba buscando sentimientos y emociones que pudieran ser potencialmente útiles como puentes de afecto para la terapia de regresión.

Ella actualizó a su doctor familiar, el Dr. Wong, sobre su incertidumbre para consultar un psiquiatra privado comparado a recibir hipnoterapia de un hospital público. Para su sorpresa el Dr. Wong le recomendó que siguiera con mi cita hoy y dijo que estaba confiado en que la hipnoterapia podría ser una mejor opción.

Algunos colegas le habían llamado a su casa a lo largo del fin de semana, pero la parte preocupante era que ella no podía recordar sus identidades exactas. Aproveché la oportunidad de comenzar la sesión explicándole que la hipnoterapia era una poderosa herramienta para ayudar a los pacientes a recordar eventos olvidados.

–La hipnosis no es más que un estado de concentración focalizada, – enfaticé. –Entramos y salimos de estados hipnóticos todo el tiempo y desplazamos nuestro enfoque de atención de adentro hacia fuera.– Cité algunos ejemplos que incluían ver televisión y manejar en la carretera. Expliqué cómo en el estado de trance la conciencia puede ser suspendida mientras la mente enfoca en los pensamientos y sentimientos interiores. También, durante el trance, podía ser capaz de obtener acceso a memorias que no se encuentran disponibles en el estado de vigilia, particularmente sus memorias personales reprimidas.

Pasé los siguientes minutos proporcionándole información sobre qué esperar en su primera sesión de hipnosis y la naturaleza de las sugestiones verbales que le estaría dando. Expliqué cómo en el estado relajado de su cuerpo, la memoria de su mente comenzaría a agudizarse. Cité ejemplos de mi éxito previo regresando a pacientes a su infancia para ayudarles a obtener memorias de sus traumas olvidados y ayudarles a superar esas experiencias dolorosas.

Luego, la enfermera de chaperón la llevó al sofá. Posteriormente puse música relajante en la sala y dejé que ella se estableciera por un par de minutos. Estábamos listos para comenzar.

Con sus ojos cerrados, le pedí que tomara tres respiraciones profundas lentamente y que se enfocara en su sentimiento en el movimiento del aire fluyendo hacia dentro y hacia fuera de su pecho. Con cada inhalación le sugestioné que estaba inhalando relajación y con cada exhalación estaba soltando tensión reprimida de su cuerpo. Después de un par de minutos, ella se estableció en tranquilidad y en calma.

Después le guié en un proceso de relajación progresiva de sus diferentes grupos de músculos. Comencé con sugestiones sobre cómo ella podía activamente relajar los músculos en la punta de su cuero cabelludo y gradualmente moví la relajación hacia su frente, su rostro, su quijada, su cuello, sus hombros, brazos, antebrazos, músculos de la espalda, y su pecho. Noté que sus párpados empezaron a vacilar, y eso me dio la indicación de que ella estaba profundizando su estado hipnótico. Continué con su proceso de relajación a sus músculos abdominales, pelvis, caderas, muslos, pantorrillas, tobillos y hasta las plantas de los pies, al final del cual estaba completamente relajada. Este lento proceso de inducción parecía haber funcionado muy bien para ella.

Luego empleé la visualización de la escalera y guié a su visión mental a visualizarse a ella misma parada en la cima de las escaleras. Posteriormente, conforme contaba lentamente y de forma regresiva de diez a uno, ella profundizó su trance efectivamente conforme se visualizaba bajando las escaleras con cada cuenta sucesiva. Para verificar la profundidad del trance, probé la catalepsia tanto de los párpados como de los brazos y pasó ambas pruebas. Después de alrededor de veinte minutos de relajación y profundización, estaba satisfecho de que ella tenía una buena *hipnotizabilidad*. Luego, gradualmente, la saqué de su trance contando de manera regresiva de cinco a uno. Conforme llegaba a la cuenta de uno, ella abrió lentamente sus párpados, viéndose un poco aturdida.

–¿Cómo te fue? – Pregunté con gentileza.

–Relajado,– ella susurró, aún mirando ensoñadamente el techo sobre ella.

Sin más, inmediatamente le pedí que cerrara sus ojos de nuevo y rápidamente la llevé de nuevo a un estado de trance. Había escogido aprovechar el efecto del fraccionamiento. Esto fue porque con los procesos hipnóticos, un paciente entrando en el estado hipnótico una segunda vez poco después de la primera tiende a alcanzar rápidamente un estado hipnótico más profundo que antes. Luego coloqué la palma de mi mano derecha gentilmente sobre su frente y dije en un tono grave, –Ve profundo – En cuestión de segundos ella estaba en un trance profundo y estaba lista para la siguiente fase de la terapia.

Capítulo Tres
Sentirse Atrapada

La gente está atrapada en la historia y la historia está atrapada en ellos.

— James Arthur Baldwin

Petrina estaba aún en el sofá y en medio de un profundo estado de trance. Me di cuenta que la apreciación de la enfermera Beatrice de su hipnotizabilidad fue correcto. Ella fue, en efecto, un sujeto altamente sugestionable. Sin más, decidí proseguir con la terapia de regresión.

Una regresión es un proceso en el que un paciente hipnotizado recuerda una serie de memorias de la mente inconsciente bajo la guía del terapeuta. Obtener acceso a las emociones del paciente es mucho más fácil en trance. También, la conciencia del individuo es mejorada y la memoria tiende a ser más vívida.

Una de las piedras preciosas que aprendí en mi entrenamiento en hipnoterapia es que los mejores resultados en terapia siempre vienen de identificar el evento infractor inicial de un síntoma angustioso. Al llevar al paciente a reaprender y re-encuadrar la experiencia pasada bajo trance, el síntoma puede ser liberado y la sanación puede ser lograda. La regresión es la técnica apropiada a ser usada para este propósito. Sin liberar la causa raíz, la mente inconsciente es capaz de regresar al mismo problema en un tiempo posterior.

El sentimiento más reciente de Petrina de "estar encerrada en un cuarto, incapaz de salir" me sonaba como un buen punto de partida para la terapia. La frase parecía contener un fuerte componente emocional. Mi intención era llegar a la parte de su mente inconsciente conectada a un incidente del pasado en el que fue sensibilizada a esa emoción atrapada.

–Quiero que enfoques tu conciencia en tus sentimientos de ser presionada, de estar atrapada o encerrada, – comencé, –... y mantente concentrada en ello.

Permaneció quieta y sin movimiento. La hice repetir la frase "estoy atrapada" verbalmente varias veces y esperé. Permaneció callada. Luego proseguí con una técnica para realzar su conciencia de la emoción.

–Conforme continuas enfocándote en la emoción de estar atrapada o encerrada, voy a contar de uno a diez para amplificar la intensidad de esas emociones. Uno, dos ... tus emociones se acumulan ... tres, cuatro, cinco ... tus emociones se hacen más y más fuertes ... seis, siete ... tus emociones se hacen más intensas ... ocho, nueve ... se hacen muy fueres ahora ... y diez ... tu intensidad emocional está en su punto máximo ahora.

Noté una leve contracción muscular en su rostro, como si un proceso más profundo estuviera ocurriendo. Luego continué.

–Ahora, conforme cuente regresivamente de diez a uno irás de vuelta al evento pasado que está conectado con estas emociones. Diez, nueve, ocho, siete, seis, cinco, cuatro, tres, dos y ... uno.

Algo significativo estaba ocurriendo. Petrina había comenzado a hablar en el momento en el que llegué a la cuenta de uno.

–Sangrando ...– dijo ella suavemente. Estaba un poco sobresaltado conforme sus ojos gradualmente se llenaban de lágrimas. El puente de afecto había conectado exitosamente a Petrina con una experiencia dolorosa del pasado.

–¿Dónde estás ahora? – Pregunté.

–En la parte inferior de las escaleras ... sangrando.

–¿Qué te pasó?

–Estoy embarazada. Mi esposo me empujó por las escaleras, – dijo llorando.

–¿Cómo describirías tus emociones justo ahora?

–Lo odio ... ¿por qué me hizo esto a mí?– Sus ojos se llenaban rápidamente de lágrimas.

Ella estaba visiblemente alterada. Yo esperé conforme sus emociones se acrecentaban rápidamente. Luego ella rompió en llanto y estaba en catarsis completa. Tomó cierto tiempo hasta que pudo completamente liberar un episodio mayor de emociones atrapadas. Después de algunos minutos comenzó a tranquilizarse.

–Toma una respiración profunda ... y dime lo que pasó.

–Estoy cansada,– dijo, después de reanudar su voz. –Tengo que trabajar, lavar la ropa y cocinar para él. Nunca le pregunto a dónde va ni lo que hace. ¿Por qué ... todas las cuentas? Él está trabajando, yo estoy trabajando y soy la que está haciendo el pago. Nunca es suficiente dinero. No quiero pedirle ayuda, de lo contrario discutiremos."

Hubo una pausa.

–Él se fue con Hazel. – Recuerdo a Hazel como el nombre de su mejor amiga con quien su esposo tuvo un romance. –Llamé a mi amiga para llevarme a un médico general. El médico me dio unas medicinas para detener el sangrado. Él (Joshua) no quería el bebé. Fui a la clínica de ginecología sola e hice el aborto ... El aborto terminó. Extraño a mi bebé.

–¿Qué pasó después?

–Estoy en casa ahora, esperándolo. Nunca volvió.

–¿Qué emoción sientes en este punto?

–Odio ... lo odio por traicionarme. – Comenzó a llorar de nuevo.

–¿Cuáles son tus pensamientos que vienen con el odio?

–¿Cómo pudo mi buena amiga (Hazel) estar haciéndome esto a mí? – dijo ella amargamente con lágrimas rodando por sus mejillas de nuevo.

Esperé. Pasaron varios momentos antes de que la intensidad de sus emociones pasara su crescendo. Luego ella siguió hablando.

–Ahora estoy viendo las cuentas. Tengo que vender todo para pagar sus deudas.

–¿Qué emociones sientes entonces?

–Me siento atrapada ...– dijo en un tono desesperado.

¡Bingo! Esta fue la misma frase que había sido usada como puente de afecto y estaba claro que ella había regresado a un evento sensibilizador. Había aprendido de mi entrenamiento anterior que localizar el evento inicial sensibilizador era crucial en terapia. Lo que ella acababa de describir parecía el evento de vida central que había producido su percepción de estar "atrapada" en una situación desesperada.

–¿Por qué tengo que asumir todo y hacer todos los pagos?" continuó. –Volví a casa con mi madre. Mi mamá me dice que hable con él. Él nunca volvió. Esperé su llamada ... Ni una ... ni siquiera un mensaje. No sé qué hacer ... Luego él llamó y me pidió dinero de nuevo. No se lo dí. Me golpeó. Luego fue al banco y transfirió todo el dinero de la cuenta. Me dejó sin nada ..."

–¿Cómo te sentiste en este punto?

–Perdida.

–¿Qué pasó después?

–Aaron me ayudó– Se detuvo repentinamente. Noté una ligera sacudida de su cabeza, seguida de la cual salió de la hipnosis.

Petrina abrió bien los ojos, se veía algo aturdida. Había salido del trance abruptamente y por sí misma. No estaba muy seguro de por qué esto había ocurrido cuando la sesión había ido sin problemas hasta ahora. Sí note, aún así, que esto ocurrió cuando mencionó el nombre Aaron, el amigo psicólogo quien supuestamente le había ayudado. Poco podía sospechar que esta salida repentina del trance iba a convertirse en un fenómeno recurrente que causaría una interrupción importante para sus sesiones de terapia subsecuentes.

Sin más, le indiqué a Petrina que cerrara sus ojos de nuevo mientras estaba aún en un estado semi-asueñado. La llevé de nuevo a un estado hipnótico.

"Relájate mientras te enfocas en el sentimiento de estar atrapada y estar encerrada ... y conforme lo haces, deja que las imágenes se formen en tu mente ... Ahora dime dónde estás y qué está sucediendo."

–Estoy en casa con mi mamá y mi papá,– ella susurró.

–¿Cuántos años tienes ahora? – Pregunté.

–Siete, – respondió.

Ella había espontáneamente brincado a un evento bastante anterior en su vida y decidí trabajar con cualquier cosa que emergiera.

–¿Qué está pasando ahora?

–Papá está golpeando a mamá. Está usando un cinturón ... Mamá se encerró en un cuarto.

De nuevo, ¡bingo! El sentimiento de Petrina de estar "encerrada" parecía explicarse por sí mismo.

–¿Qué sucedió después? –

–Papá tomó todo el dinero y se fue a jugar.

–¿Cómo te sentiste?

–Estaba asustada. No había nada que yo pudiera hacer,– dijo en un tono desesperado.

–¿Qué pasó después?

–Papá estaba jugando en casa con sus amigos. Yo tenía hambre y le pedí de comer. Él usó un cigarro para quemar mi cara y le dijo a mamá que fue un accidente. Mi cabeza me dolía de la quemada. No teníamos dinero para ver al doctor.– Su voz era temblorosa.

Se podía discernir el dolor en su voz. Parecía que había tropezado con un problema de la Niña Interior. También comencé a entender el fundamento emocional de por qué Petrina comenzó a desarrollar desmayos durante su edad de escolaridad primaria. Luego me dijo que su padre era tan adicto al juego que esperaba a que su madre volviera a casa el día de pago. Luego, junto con su tía, la llevaban a un cajero automático para retirar su salario entero del mes. Luego huían con el dinero para jugar.

Para lidiar con la situación, su madre había aprendido a quedarse hasta tarde en la oficina el día de paga, sacar el dinero y usarlo para comprar comida, especialmente comida enlatada, antes de volver a casa. A pesar de esto, había aún instancias donde su padre llegaba al punto de tomar algunas de las latas y convertirlas en efectivo para jugar.

Mi mente trabajaba rápidamente para decidir el siguiente paso de la terapia. La Niña Interior dentro de Petrina estaba obviamente pidiendo ayuda a gritos a través del vinculo de su enfermedad actual. Con la falta de cuidado de su Niña Interior, decidí cambiar de técnica para permitirle descubrir a su propio "padre interior" dentro de su inconsciente.

Profundicé el trance y dije: –Vuelve a tu edad presente y mírate como adulta … Ahora trae a tu yo adulto para reunirse con la pequeña Petrina de nuevo … ¿La ves ahí?

–Sí.

–¿Qué diría tu yo adulto para consolar a la pequeña Petrina?

–Pronto se acabará, – dijo en un tono reconfortante.

–¿Qué dijo la pequeña Petrina en respuesta?

–Estoy sufriendo. ¿Qué debería hacer?– Hubo un sonido de tristeza en su voz.

–¿Cómo respondió el yo mayor a eso?

–No tienes a nadie de quien depender más que de tí. Serás libre.– Esto lo expresó en un tono maduro.

Le di a Petrina una almohada suave, y le dije gentilmente, –Acércate a la pequeña Petrina. Quizá te gustaría decirle que es una buena niña y darle un abrazo por unos momentos.

Después de que el proceso de integración de la Niña Interior se completó, llevé a Petrina a un lugar de sanación. Usando visualización guiada, la llevé frente a un estanque tranquilo y le permití que imaginara que aventaba una piedra en él, generando ondas de relajación hacia su periferia. Le pedí que imaginara que cada palabra que dijera sería como una piedra lanzada al agua tranquila. Ella se mantuvo en calma y relajada.

Después de esto le pedí que se visualizara parada debajo de una cascada y que sintiera el agua cálida fluyendo gentilmente por la punta de su cabeza, y hasta abajo recorriendo su cuerpo, limpiando toda tensión.

Hasta ahora habían pasado dos horas y media. Petrina emergió del estado hipnótico notándose visiblemente cansada. Ambos sentimos que había sido una sesión fructífera.

Secó sus lágrimas y se terminó una taza de chocolate caliente antes de dejar la sala de consulta. Le recordé que sus sesiones de terapia serían necesariamente intensivas de ahora en adelante. Ella entendió y accedió a volver para un tratamiento de seguimiento al día siguiente.

Petrina se excusó para ir al lavatorio y aprovechó la oportunidad de disfrutar de un breve descanso. Momentos después, una enfermera clínica me comentó que Petrina, en camino al lavatorio, tuvo un desmayo. Se las arregló para apoyarse a tiempo y apenas escapó una caída.

Esto fue inesperado para mí. La terapia había ido sin problemas y no tenía razón para esperar que sus problemas clínicos volvieran tan pronto. La traje de vuelta a la sala de consultas para que descansara en una silla. Cinco minutos después, ya que se había estabilizado, decidí acompañarla al punto donde recogen a los pacientes en la entrada del hospital. Ella llamó por teléfono a su hermano, quien manejó desde su casa para recogerla del hospital. Aunque ella había pasado por una terapia larga y cansada, sonrió antes de partir en el coche.

****

Esa tarde, después del trabajo, dejé el hospital con un estado de ánimo relajado para asistir a un compromiso para cenar con unos amigos. No obstante, en medio de mi cena, Petrina llamó. Aparentemente, poco después de que llegó a casa, comenzó a desarrollar un dolor de cabeza. El momento en el que cerraba los ojos comenzaba a escuchar voces que podía reconocer como una pelea entre su ex-esposo Joshua y Hazel. Para el momento en el que me llamó, no podía recordar el contenido de la conversación entre las voces. Se sentía frustrada y preocupada.

Sonaba como un flashback y no quería que se alarmara. Le aseguré que estaba atravesando una reacción esperada inmediatamente después de una sesión intensiva de terapia.

Más tarde esa noche, reflexioné sobre la historia de fondo de abuso infantil. En mis estudios previos aprendí sobre cómo las mujeres que han estado involucradas con personas abusivas podrían inconscientemente intentar reescribir su pasado. Sigmund Freud le llamaba a esto la tendencia a reconstruir el pasado como una "compulsión de repetición" lo cual se traduciría en una tendencia inconsciente a sentirse atraído al mismo tipo de personas abusivas una y otra vez en la vida de uno. ¿Era porque Petrina se había perdido del amor de su padre que subsecuentemente se involucró con un cónyuge que era bastante parecido a él? ¿Y ella estaba tratando de hacer que él la amara?

Capítulo Cuatro

Rendirse al Cambio

Si abiertamente declaramos lo que está mal en nosotros, y cuál es nuestra necesidad más profunda, quizá la muerte y la desesperación gradualmente desaparecerá.

— *J.B. Priestley*

Martes 30 de noviembre, fue el día de la segunda sesión de terapia de Petrina. Lo primero que hice en la mañana cuando llegué a mi trabajo fue actualizar a Beatrice sobre lo que había ocurrido con Petrina. Teníamos el hábito de compartir experiencias de terapia el uno con el otro.

Ella contestó de inmediato y curiosamente, tenía detalles adicionales sobre el esposo de Petrina: —Ella es, en efecto, una chica valiente. Fue una experiencia bastante traumática, y fue muy bueno que terminó en tu clínica. Al menos se recuperará después de las sesiones. Con todas estas experiencias traumáticas, la medicina no puede retirar el trauma, ¿cierto? El esposo dependía de ella cuando estaba tomando su Diplomado. Después de terminarlo, encontró un trabajo mejor pagado pero no pudo con el estrés y renunció. Se quedó en casa como un vago inútil, bebiendo y fumando. Ella debe tener esa sensación de ser traicionada cuando su esposo tiene a otra mujer después de haber sacrificado tanto por él.

*****

Había apartado tiempo esa mañana específicamente para Petrina. Alrededor de las 11:00 am, ella vino a mi clínica, acompañada por su madre. Aunque se había vestido elegantemente, se veía un tanto pálida y demacrada. Su madre se presentó, dejó a Petrina a mi cuidado y rápidamente partió para irse al trabajo.

Dentro de la sala de consultas, ella me actualizó sobre lo que pasó la noche anterior. Ella recuerda haber tenido otro desmayo poco después de haberme llamado durante la cena. Conforme estaba a punto de quedarse dormida, escuchó una clase de conversación hipnagógica breve entre ella y un hombre no identificado:

(Hombre): –Eres la última a quien lastimaría.
(Petrina): –Prometiste que nunca me lastimarías pero lo has hecho de nuevo.

Después de despertar, comenzó a experimentar una pérdida de memoria. El misticismo bajo su condición parecía estar acumulándose. Me preguntaba si este diálogo pudiera proporcionar una pista importante para su amnesia subyacente.

Le pregunté si el hombre desconocido podía ser su esposo y ella firmemente respondió que era lo más probable. Esto implicaba que ella podría tener otro amante que complicaba su historia, pero ella no estaba en un estado mental para ayudarme a armar el rompecabezas. En lugar de eso, pensé que podría ayudarle a recobrar la memoria de la identidad de este hombre "misterioso" usando hipnoterapia.

Petrina estaba ya lista para su segunda sesión de terapia. En el momento en el que estaba en trance, le pregunté: –¿Qué emoción asocias con tu desmayo más reciente?

–Decepción y frustración. – susurró.

Profundicé su trance mientras le pedía que se enfocara en estas dos emociones. –Vuelve a la última vez que experimentaste decepción y frustración y dime lo que ocurrió.

Asombrosamente volvió a un evento pasado mucho más rápidamente comparado al día anterior.

–Puedo ver a Fabian, – comentó con suavidad.
–Cuéntame sobre él, – solicité.

–¡Triste …! Tomábamos juntos pastillas para dormir.
Estaba sorprendido. ¿Quién era este Fabian? No estaba consciente de esta parte de su historia. Decidí ir con el flujo de la misma.

–¿Dónde estás ahora y qué sucedió?

–Estoy en casa. Siento náuseas … no me puedo levantar a la mañana siguiente. Intenté suicidarme.

–¿Quién es Fabian?– Pregunté, cuestionándome si él podía ser el hombre no identificado en el diálogo hipnagógico del que había hablado antes de que entrara en trance.

–Es un amigo gay,– susurró, estaba de nuevo sorprendido.

–La madre de Fabian estaba enojada conmigo … no vi a Fabian en el funeral. Él tomó pastillas para dormir y se murió. Yo no fui al hospital … y sobreviví…

Subsecuentemente descubrí que Petrina y Fabian eran amigos muy cercanos y que solían ir de compras frecuentemente. Fabian era un homosexual que se vestía como una mujer. Había contraído VIH de su pareja, un hombre que lo había dejado desde entonces por una mujer. Él estaba muy deprimido. Como resultado de la similitud de sus predicamentos y del paralelo en sus crisis emocionales, planearon suicidarse simultáneamente. Se decidió que cada uno de ellos lo haría por separado en sus respectivas residencias. Cada uno ingirió diez tabletas de una medicina para dormir como planearon.

Fabian murió de la sobredosis pero Petrina sobrevivió esa ordalía. Petrina tenía una experiencia anterior de experimentar con varios tipos de dosis de drogas psicoactivas cuando era joven. Probablemente sobrevivió porque había desarrollado una mejor tolerancia. Aún así, experimentó una náusea severa y vomitó la mañana siguiente y tuvo que ver a un practicante general para obtener algunos antieméticos.

–¿Qué ocurrió después de que sobreviviste?

–Llamé a Aaron … pero no contestó mi llamada,– dijo en un tono agitado y triste. –No recuerdo lo que pasó después de eso.

No era claro para mí en este punto cómo Aaron podía encajar en el cuadro. Tampoco era obvio por qué Petrina habría escogido llamarle a él en este momento. De nuevo, decidí sólo seguir con el flujo.

—Ve al siguiente evento que está asociado con tu emoción de decepción.

Hubo una pausa, y luego respondió.

—Promesas vacías …— dijo, sonando muy cínica. No obstante, la historia pareció adquirir impulso rápidamente.

—¿Qué está pasando? — pregunté.

—Estoy hablando con un hombre … no sé quién es. Estoy en el sótano abierto … ¡Oh! — abrió sus ojos y salió súbitamente de la hipnosis.

Era decepcionante, especialmente cuando la historia comenzaba a hacerse intrigante. Me preguntaba quién podría ser este hombre misterioso y cómo podía estar relacionado con las "promesas vacías" de las que Petrina hablaba.

Petrina estaba plenamente consciente ahora, pero yo estaba determinado a continuar con la sesión. Con su consentimiento, la llevé de nuevo al estado de trance.

—Estoy en la cama, sintiéndome muy cansada. — Petrina comenzó de nuevo.

—¿Es de día o de noche?

—Es de día.

—¿Qué ocurrió después?

—Simplemente me dormí … Veo a Aaron … no sé dónde está … (pausa) Estoy dormida ahora.

—Avanza a la escena hasta el punto en el que te despiertas.

—Estoy despierta ahora … ¡Oh! ¡Alguien está entrando!

Petrina abrió repentinamente los ojos, luciendo sobresaltada, y salió del trance. Sin embargo fue incapaz de distinguir la identidad de la persona que le asustó. Esto era desconcertante.

Le pedí a Petrina que cerrara sus ojos de nuevo y que se relajara. Entro en trance una vez más.

–Enfoca tu mente en el sentimiento de estar atrapada, y en tu pensamiento de no tener opción...– Las pistas sensoriales parecían funcionar muy rápido.
 –Estoy teniendo una conversación con alguien por teléfono.
 –¿Quién es?– pregunté con curiosidad.
 –No lo sé.
 –¿Qué está ocurriendo?
 –Estoy aún casada ... se terminó ... el matrimonio se terminó. No hay nada más entre nosotros. Mi esposo me golpea.
 –¿Qué pasó después?
 –Alguien dice: 'Es sólo un papel. Deberías protegerte. Él no tiene derecho a golpearte. Siempre estaré ahí para ti.
 –¿Quién es?
 –No sé su nombre ... ¡Oh! Es Aaron.– Petrina salió de la hipnosis por tercera ocasión, y noté que hubo mención de Aaron.

Plenamente consciente ahora, se levantó del sofá. Percibió la perplejidad en mi rostro y ofreció una explicación. –Me siento muy frustrada cuando escucho la palabra 'Aaron' cada vez, pero no puedo recordar quién es él.

Recordaba que Aaron era el nombre de su amigo "psicólogo" que le había ayudado en tiempos difíciles cuando ella se estaba divorciando, pero parecía que la memoria de Petrina de este hombre había estado creciendo y menguando.

 –De mi lista de contactos no puedo ubicar quién es. Desde septiembre de este año, después de que intenté suicidarme con las pastillas para dormir, el nombre 'Aaron' sigue apareciendo, y cada vez que lo escucho me desmayo.

Como ella explicaba, se hacía más claro que había en efecto un segundo hombre en su vida. Comencé a especular que este hombre era decisivo en disparar sus apagones de memoria.

En los meses recientes Petrina había estado examinando algunas fotografías suyas para ayudarse a recordar la identidad de Aaron. Intrigantemente había repetida e inconscientemente ido a un lugar particular en el área de Hougang para buscar pistas, con la esperanza de recordar quien pudiera ser esta persona. Adicionalmente había una compañía de entrenamiento en administración con el nombre de *PEACE Consulting Services* que siempre flasheaba en su mente cuando se mencionaba el nombre de Aaron. Ella había estado llamando a esta compañía para obtener información sobre Aaron, pero se le dijo que Aaron ya no trabajaba allí.

–Hay un lugar especial en Hougang Avenue 3 al que voy para recordar mi relación con Aaron, y mi amigo Bernard es quien me lleva allí.– Escuché con atención, preguntándome quién era Bernard. Luego ella explicó que Bernard era un colega del trabajo que estaba trabajando en el Departamento de Informática del hospital. Petrina lo conocía hacía más de un año y lo encontró muy útil como amigo.

–Bernard me dice que no estoy lista para recordar la identidad de Aaron,– dijo con una mirada soñadora en sus ojos.

–¿Bernard sabe exactamente quién es Aaron?– pregunté.

–No estoy segura. Tengo la sensación de que no le dije a Bernard todo sobre Aaron y que no sabe cuál es el propósito en ir repetidamente a este lugar en particular. Cada vez que voy me siento feliz inicialmente, pero después de un rato, comienzo a experimentar frustración ... y no entiendo por qué.

Petrina hizo una pausa. Había obviamente algo muy crucial sobre la identidad de esta persona llamada Aaron a quien ella había intentado llamar de nuevo pero terminó sintiéndose muy desesperada cada vez su intento por recordar fracasaba.

–El cinco de julio es la fecha que sigue brincando en mi cabeza, y no entiendo por qué. Tengo una caja en casa donde guardo viejos boletos del cine, y uno de ellos tiene la fecha del 5 de julio del 2010. Cada vez que miro ese boleto, tengo un sentimiento que no puedo explicar. Me empiezo a sentir sin aliento y sofocada. Es muy complicado. También cuando escucho el nombre de esta organización de entrenamiento llamada *PEACE Consulting Services,* tengo la misma sensación como cuando miro el boleto del cine. Cuando esta compañía lleva a cabo la charla de Plata o de Bronce en el Departamento de Oftalmología, tengo esta misma sensación de estar sofocada y atrapada.

Parecía haber llegado a un bloqueo en el camino con esta jovencita. Por su historia, esta persona Aaron parecía ser la clave de su pérdida de memoria, pero su identidad seguía siendo un misterio.

Petrina suspiró. –Una parte de mí quiere saber quién es Aaron y qué rol juega en mi vida, pero otra parte de mi dice 'no' y es mejor no saber ...– Me miraba patéticamente y añadió: –No sé qué hacer.

La miré intensamente en silencio. Ella parecía haberse atrapado a sí misma en un conflicto interior psíquicamente. Por mi parte, necesitaba más tiempo para reflexionar sobre su problema y planear sus sesiones de terapia futuras.

Para entonces ya era la 1:15 pm, y llevé la sesión a su fin. La reconforté diciéndole que las cosas se enderezarían eventualmente. Conforme la vi partir en el coche de su hermano, silenciosamente recé que ella pudiera descansar bien en casa por el resto del día.

Desafortunadamente Petrina experimentó otro desmayo esa tarde. Esta vez el desmayo fue disparado por un individuo en específico. Su supervisora, Shirlene, le había llamado a su casa pidiendo conocer los detalles de su condición médica. Como supervisora, sintió que tenía todo el derecho de conocer las razones médicas para el permiso de su subordinada y si, desde la perspectiva de un supervisor, esas razones contaban con suficiente gravedad para justificar un mes de ausencia en el trabajo.

Petrina denegó su petición inmediatamente porque lo consideró una intrusión de privacidad. ¿Por qué estaría ella divulgando su información médica personal, la cual era confidencial de cualquier modo? En el proceso de manejar la petición de Shirlene, le dio mi número de celular. Ella le dijo a Shirlene que me llamara a mí. Al no obtener lo que deseaba,

Shirlene amenazó a Petrina con acompañarle a mi clínica en su siguiente cita para obtener la información médica. Esa amenaza fue demasiado para Petrina. Se desmayó inmediatamente. En el momento en el que se recuperó, me llamó.

–Hola, Dr. Mack. Tuve un breve desmayo después de hablar con mi supervisora, Shirlene. Ella me amenazó. Tengo una enorme sensación de frustración cuando escucho su nombre pero no puedo recordar nada de lo que pasó...– sollozó.

Shirlene era la misma supervisora quien categóricamente rechazó la aplicación de Petrina para un permiso de ausencia sin paga a principios de mayo en 2010. Aparentemente, ella misma era una divorciada. Basada en su experiencia personal no sentía la necesidad de que Petrina tomara el permiso para resolver un divorcio.

Reflexioné sobre el estilo administrativo de Shirlene esa tarde. Aunque no la conocía en persona, era obvio que comandar y controlar a los subordinados era parte de su agenda y esto involucraba el uso de comentarios denigrantes y amenazas. Probablemente pertenecía al *arquetipo de Napoleón*, pensé. Ella parecía adorar derribar a otras personas para hacerse ver bien. No estaba seguro hasta qué punto ella había contribuido al trauma emocional de Petrina, pero su habilidad para precipitar un síncope de Petrina sí que sonaba formidable. Quizá pronto surgirían facetas de la mente inconsciente de Petrina sobre este conflicto interpersonal en una sesión futura de terapia.

Capítulo Cinco
Memoria Reprimida

La memoria reprimida es como un ruidoso intruso que es expulsado de la sala de conciertos. Puedes sacarlo, pero azotará la puerta y seguirá perturbando el concierto. El analista abre la puerta y dice: Si prometes comportarte, puedes entrar de nuevo.
— Theodor Reik

Era miércoles y estaba realizando mi clínica de consulta externa semanal de nuevo. Había reprogramado mi clínica quirúrgica para que terminase alrededor de las 3:00 pm.

Esto me daría el tiempo necesario para llevar a cabo una tercera sesión de terapia con Petrina en la tarde.

Era hora del almuerzo y me reservé unos momentos de tranquilidad para mí. Mientras reflexionaba sobre lo que había ocurrido durante la sesión de ayer, recordaba que Petrina describía un conflicto interno significativo en ella. Una parte de ella verdaderamente quería conocer la identidad de Aaron porque conocerla era crucial para la recuperación de su memoria y su bienestar. Aún así, otra parte de ella estaba llena de miedo a lo desconocido y temía el precio a pagar por descubrir la verdad.

Mi mente se desplazó a mis días de entrenamiento anteriores cuando se me enseñó que aquellos pacientes que experimentaran conflictos emocionales internos serían candidatos ideales para "terapia de partes", un enfoque especial de hipnoterapia. La técnica de terapia de partes involucra el uso de comunicación directa entre el terapeuta y algunas partes de la mente inconsciente del paciente que están involucradas para ayudarle a lograr una resolución del conflicto. Estas partes pueden asumir a diferentes personajes en un estado de trance.

La existencia de las llamadas "partes" dentro de nosotros es porque varios modelos de nuestro universo dan color a nuestra percepción de la vida e influencian nuestra forma de ser. Para cada uno de estos modelos, podemos desarrollar una imagen propia correspondiente y un conjunto de sentimientos, comportamiento, creencias y gesto corporal. Cada una de estas constelaciones de elementos constituye una clase de subpersonalidad miniatura dentro de nosotros, a la cual los hipnoterapeutas llaman "parte". De hecho, esas subpersonalidades son satélites psicológicos, coexistiendo como una multitud de vidas dentro del ambiente de nuestra personalidad en general.

Una vez comenté el concepto y la aplicación de la "terapia de partes" con un colega psiquiatra y él apoyó fuertemente su uso. Su experiencia era que si la técnica era apropiadamente aplicada, podía ahorrar al psicoterapeuta muchos meses de trabajo de psicoanálisis.

Petrina llegó a las 3:20 pm a mi clínica. Pasé unos buenos 15 minutos explicándole sobre la técnica. Mientras hablar a las partes podía ser un proceso fascinante para el terapeuta, podía potencialmente ser una experiencia muy temerosa para el paciente sin preparación. Durante la terapia de partes, cada "parte" de la mente subconsciente del paciente puede asumir un personaje diferente y, como tal, diferentes partes pueden hablar en diferentes tonos, incluso cuando es a través de la misma caja de voz.

Llevé rápidamente a Petrina a un estado sonámbulo de hipnosis y logré llamar a dos partes. Había una parte conflictiva que era masculina y una parte motivante que era femenina. La parte conflictiva no quería que Petrina recordara su memoria y se llamó PERDIDO. La parte motivadora, quien se llamó FELIZ, estaba interesada en que recobrara pronto su memoria para que pudiese ser feliz. Entre estas dos partes, Petrina, y yo, los "cuatro" tuvimos una breve e intrigante conversación.

Dr. Mack: –Hola. ¿Hay alguna parte de Petrina que no quiere que recuerde sus memorias perdidas? Si estás ahí quisiera hablar contigo..
Parte Conflictiva: –Aquí estoy.
Dr. Mack: –¿Cuál es tu nombre?
Parte Conflictiva: –Llámame Perdido. [Tono masculino]
Dr. Mack: –¡Hola, Perdido! ¿Eres femenino o masculino?
PERDIDO: –Soy masculino.
Dr. Mack: –¿Hace cuánto has estado con Petrina?
PERDIDO: –Desde que ella tenía seis años de edad.
Dr. Mack: –¿Qué rol juegas dentro de Petrina?
PERDIDO: –Petrina se siente sola e indefensa. Quiere atención. A su papá le gusta el juego y Petrina siempre está enojada. No está bien ahora. Estoy aquí para ayudarla.
Dr. Mack: –¿Cómo propones ayudarla, ahora que ella ha perdido su memoria de Aaron?
PERDIDO: [Pausa] –Bien … Aaron es un hombre agradable. Ama a su familia y se preocupa por Petrina. Él tiene su propia compañía llamada Marissa Professional Cleaners. Tiene 27 o 28 años y no está casado. Petrina no quiere una relación y le quiere ser leal al esposo. A Petrina le gusta, pero ella sabe que no puede seguir con él. Aaron elige terminar la relación y Petrina se opone a ello.

Dr. Mack:	–Hola, Petrina. ¿Por qué te opusiste a la decisión?
Petrina:	–No tengo opción … Entré en depresión e intenté suicidarme por Aaron.
Dr. Mack:	–Ahora, quiero hablar con aquella parte de Petrina que está interesada en ayudarle a recobrar sus memorias perdidas y hacerla feliz. ¿Estás ahí?
Parte Motivante:	–Sí, aquí estoy. [voz femenina]
Dr. Mack:	–¿Cómo quieres que te llame?
Parte Motivante:	–Llámame Feliz.
Dr. Mack:	–Feliz, ¿cómo piensas que puedes ayudar a Petrina?
FELIZ:	–Bien, Petrina tiene interés en recobrar su memoria perdida pero Perdido está en contra de ello porque cree que es demasiado doloroso y probablemente es bueno para ella olvidarlo todo.
Dr. Mack:	–¿Pero cuál es tu perspectiva? ¿No crees que una manera de que Petrina vuelva a recobrar su felicidad es recuperando su memoria?
FELIZ:	–Sí, pero Petrina misma no quiere conocer a Aaron.
Dr. Mack:	–Petrina, ¿puedes hablarme y decirme por qué sucede esto?
Petrina:	[Pausa] –Traté de llamarlo el día después de que intenté suicidarme … pero no contestó mi llamada.

De esta breve conversación, la historia de Petrina parecía estar acumulándose en complejidad y suspenso. Lo que se había vuelto más claro era que el factor decisivo en su intento de suicidarse en septiembre no residía totalmente con Joshua. Había emergido suficiente evidencia ahora para sospechar que Aaron tenía un rol significativo en ello. Desafortunadamente, el conflicto interno de Petrina no había sido resuelto en esta sesión. Inconscientemente permaneció firme en no querer confrontar a Aaron. Yo especulaba que la razón era que Petrina experimentó algunas memorias muy dolorosas con este hombre, y estas eran demasiado traumáticas para buscarlas. La sesión terminó en este punto después de que integré las dos partes en Petrina.

Después de emerger del trance, Petrina recordó que siempre había tenido la tendencia de repetidamente navegar un sitio Web llamado *"Marrisa Professional Cleaners"* pero nunca tuvo la menor idea de la razón subyacente hasta ahora. Por primera vez, aprecié profundamente a lo que Petrina se refería cuando describía su sentimiento como "estar atorada".

Le di un descanso para dejarle levantarse al tocador. A su regreso, ofrecí que continuáramos con la terapia.

Petrina fue llevada de nuevo a trance, y esta vez regresó a su lugar de trabajo en la Clínica de Oftalmología con su supervisora, Shirlene. Guié su visualización inicialmente, pero rápidamente tomó el rol de narrador.

–Ella es una tirana … obliga a las personas a hacer cosas que no quieren hacer.

–¿Dónde estás ahora?

–Estoy en la clínica, procesando las facturas. Se cerró la clínica. Tengo toda una pila de facturas que necesitan ser procesadas. Ya son las 8:30 pm …– pausó.

Petrina solía trabajar en un salón de belleza para una gran organización de negocios y le iba bien como gerente de ventas. No obstante, con el estrés del fracaso de su matrimonio y el deterioro de su fortaleza física, decidió dejar la compañía a principios del 2010 para trabajar en la clínica de un hospital por una paga menor. El área de recepción de pacientes en la clínica tenía dos conjuntos de mostradores – registro de pacientes y

contadores de pago. Que yo supiera, la carga de trabajo en un mostrador principal podía ser extremadamente pesada durante las horas pico.
  –Estoy aún en la clínica.– suspiró. –Mi esposo me llamó. Me está esperando afuera. Quiere que firme un papel que dice que él no me va a pagar nada después del divorcio.– Sus ojos empezaron a humedecerse.
  –Estoy tan ocupada. Hay otras empleadas sentadas al mostrador ... y podrían ayudar ... pero me dejan sola.– rodaban lágrimas por sus mejillas. –Joshua me está obligando a irme ... pero hay tanto que hacer. No puedo irme ... aún debo llamar a los pacientes para las fechas de sus siguientes citas. ¿Por qué las otras dos empleadas no ayudan? Sólo porque sus supervisores son del mismo grupo étnico? – comenzó a llorar.
  –Es mi trabajo ... estoy de acuerdo en que tengo que hacerlo, pero no estoy de acuerdo con la imparcialidad que están dando. Es sólo que la otra empleada de facturación no hizo bien su trabajo y se ha acumulado la fila. Hay 300 pacientes ... sólo dos mostradores de pago. No entiendo ... hay sólo 20 registros y no necesitan tres mostradores de registro ... Uno de ellos debería ser de pago. Estoy haciendo todo sola ...– su voz llevaba angustia.
  –¿Qué pasó después?
  –Joshua me está obligando. Me tengo que ir. A nadie le interesa ayudar ... No hay trabajo en equipo. Me derrumbé. Llamaron a mi supervisora. Le dije que no puedo venir a trabajar mañana ... me siento física y emocionalmente agotada. Necesito ausentarme. Mi supervisora dice: '¿Por qué no vuelves mañana y hablamos?' Tan sólo dame una semana para resolver mis problemas físicos y emocionales y volveré a trabajar ... es diferente. Su esposo no la traicionó ... no la golpeó. ¿Cómo compararlo? Es sólo una semana de ausencia ... y tan difícil de obtener.– su voz estaba angustiada. –Le dije que si ese era el caso iba a presentar mi renuncia. Con un mes de anticipación y descanso en casa ... pasado mañana.

–Volví ... dice lo mismo. Estoy tan cansada. No tengo opción. Quiero tomar una semana de ausencia para resolver el divorcio. Ella no me ayuda ... No puedo hacerlo. Ella me odia ... dice que la amenazo. Dice: 'Si me amenazas te voy a despedir. Tú confía en mí, concéntrate en tu trabajo y estarás bien.
–Comencé a desmayarme más seguido. El desmayo a la hora del almuerzo siempre había sido consistente. Solicité que me transfirieran fuera de la clínica subsidiada, a algún lugar más liviano.
–Necesito el permiso ... necesito descanso.– Estaba presente en su voz un tono de desesperación. "Me llamó a su oficina. Dice que está decepcionada. 'Tu rendimiento se va por el desagüe,' dice ella. Intenté discutir con ella, [pausa] necesito descansar. Detesto pensar que ella me obliga. Sólo una semana de ausencia ... tan difícil. Necesito tanto el descanso. Le dije porque puedo ver que mis problemas personales me han afectado. No me puedo concentrar. ¿Por qué no se aprueba? Si afecta en el bono, ¡que así sea! Estoy cansada ... Necesito un descanso. Su respuesta todavía es no. – Petrina empezó a sollozar.
–Mi hora de comida es de 1:00 a 2:00 pm. En ocasiones es de sólo media hora. Hay 50 pacientes y sólo una persona temporal del personal quien no sabe nada. Tengo que manejarlo todo sola. Me digo a mí misma que puedo manejarlo, pero ¿por qué estoy trabajando tan duro? Nadie va a apreciarlo. Nunca, jamás le voy a rogar a alguien por sólo una semana ... es tan difícil obtener permiso para una ausencia sin paga. Le dije que quiero una forma diferente de manejar el estrés. Déjame irme a unas vacaciones cortas y arreglar mis propios problemas emocionales, y volveré ... Ella no se molestó. Comienzo a preguntarme ... ¿Debería yo ser la que está decepcionada de ella?
–Tengo que poner una sonrisa e ir a trabajar. No le puedo decir a mi mamá sobre ello. Tengo que enfrentar a mi papá (padrastro) también.

–Me desmayé afuera de centro de cáncer. Ella (Shirlene) dijo: 'Te estás malcriando a ti misma. ¡No puedes culpar a nadie por lo que pase hoy!' En ese entonces acababa de tener un aborto. Necesito descansar. Ella dice: 'Pasé por cosas similares antes y aún vine a trabajar. Puedo hacerlo ... puedes hacerlo. He pasado por ello.

–Me dije a mí misma ... ¿Por qué no simplemente descansar y no despertar? Estoy tan cansada. La paga es tan baja y ella espera que trabaje tantas horas. Ella dice: 'Tu trabajo anterior era veinticuatro siete,' ... Pero es $2100 en el trabajo previo contra $1300 en mi salario actual. No quiero tiempo extra ... Ausencia sin pago no aprobada. ¿Qué debería hacer? Ella admitió que es la que está poniendo presión sobre mí.

En este punto Petrina entró en catarsis completa.

Dejé un par de minutos para que Petrina atravesara su pico emocional. Había aprendido de mis días de entrenamiento que si la angustia emocional no es expresada, se guarda y acumula presión en el sistema corporal. Mientras mayor sea la expresión de emociones negativas, será mayor la experiencia de alivio del síntoma.

La intensa terapia de regresión había sido dura para Petrina y para mí. Llevé la sesión a su fin. Sentimos que ambos necesitábamos un descanso y mutuamente acordamos resumir la terapia la semana entrante.

Lo que me había estado preocupando era que los desmayos de Petrina habían persistido a pesar de la intensidad de la terapia. En ese respecto, pensé que necesitaba averiguar una forma de monitorear la frecuencia y gravedad de sus desmayos. Le pregunté si podía hacerme el favor de tomar nota de sus ataques sincopales para que pudiera tener un registro de su progreso. Ella me sorprendió diciéndome que tenía el hábito de mantener un diario desde joven y podía fácilmente registrar no sólo sus desmayos, sino anotar todos sus síntomas y sentimientos relevantes adicionalmente. Estaba emocionado. El guardar un diario sería un compañero útil para su viaje de sanación. El acto de escribir en un diario abre espacio a la escritura expresiva, lo cual a su vez puede estimular su conciencia y claridad mental. Al final esto podría dar forma y significado a sus sentimientos. De inmediato le alenté a continuar con el hábito. Ahora tendría un lugar donde registrar sus sentimientos que podrían ser demasiado dolorosos o vergonzosos para compartir con otros.

Petrina reveló que con su reciente deterioro de salud, su práctica de guardar un diario se había descontinuado, pero estaba destinada a ser una interrupción temporal. De hecho había recientemente quemado el volumen previo de su diario porque realmente quería excluir a ciertos individuos de su memoria. Sin embargo, no tenía problema resumiendo su diario. Después de todo, su pérdida de memoria había sido tan socialmente incapacitante que sintió la necesidad de documentar algunos de sus eventos y sentimientos diarios como fuente de referencia a la cual recurrir cuando necesitara ayuda para recordar. Como un relato actual de sus experiencias y sentimientos, sentí que podría proporcionarle el lugar donde registrar los pasos que ella tomaría para ayudarse a sí misma.

Eran las 5:50 pm. Terminé la sesión y, como el día anterior, acompañe a Petrina al punto de recogida en coche. A pesar del hecho que acababa de pasar por una catarsis pesada, fue capaz de esbozar una sonrisa antes de partir.

Capítulo Seis

Voz Interior

La vida es difícil.
Esta es una gran verdad, una de las más grandes.
Es una gran verdad porque una vez que verdaderamente la vemos,
la trascendemos.
Una vez que verdaderamente sepamos
que la vida es difícil –
una vez que realmente lo entendamos y aceptemos –
la vida no será ya difícil.
Porque una vez que se acepta,
el hecho de que la vida es difícil no importa ya..
– M. Scott Peck

Los siguientes cuatro días de su vida resultaron ser un tiempo muy cansado para Petrina, tanto emocional como físicamente. Aunque estaba descansando en casa, era continuamente bombardeada con *flashbacks*. Había comprado un nuevo cuaderno para hacerlo su diario y recomenzó a escribirlo. Esto era una bendición, pues ahora podía dar seguimiento a su progreso clínico eficientemente.

En la mañana del martes 2 de diciembre, a las 7:30 am, Petrina se despertó sintiéndose mareada y nauseabunda. Desayunó ligero alrededor de las 9:00 am. Dado que las náuseas no se fueron, se acostó de nuevo. Justo antes de que se acostara en la cama escuchó un sonido agudo en ambos oídos de nuevo. Se acostó de una vez. Lo siguiente que escuchó antes de experimentar otro desmayo fueron las siguientes palabras:

–Petrina, ¡eres tú la que ha estado insistiendo en ello! ¡Te he dicho muchas veces que si yo puedo hacerlo, tú también puedes! Todos los problemas de salud que tienes ahora son causados por ti misma; por lo que pasaste, ¡yo también pasé antes! ¡Todo esto te está comiendo! ¡Al hacer todo esto se verá afectado tu rendimiento! ¡Estoy muy decepcionada de ti! Tomar un descanso no te ayudará; ¡la ausencia no te ayudará! Créeme que puedes hacerlo sin el permiso de ausencia. ¡No puedes permitirte tiempo para pensar en ello; pronto se pasará!

La voz sonaba muy familiar y parecía pertenecer a su supervisora Shirlene. Ella detestaba la voz. –Me hace sentir frustrada, impotente y atrapada, como si estuviera obligada a hacer cosas que no quiero hacer …– escribió ella en su diario.

Poco después de escuchar la voz, Petrina se sumergió en su estado consciente y se deslizó hacia un sueño profundo por varias horas. Se despertó a las 2:00 pm sintiéndose muy perdida. No podía recordar nada de las últimas tres sesiones de terapia ni a su supervisora Shirlene. Estaba muy frustrada y preocupada de que su condición hubiese empeorado. Me llamó para compartir sus sentimientos deprimentes. Como antes, intenté infundir esperanza, asegurándole que su condición estaba bajo control y que necesitaba tiempo para mejorar.

Las cosas mejoraron. A las 2:30 pm, empezaron a llegarle llamadas de felicitación de sus colegas. El Departamento de Recursos Humanos recientemente había llevado a cabo su evento de los Premios del Personal "Mystery Shopper" por la excelencia en el servicio. Aparentemente Petrina había sido ganadora de un premio y se colocó su fotografía en todos lados en la Clínica de Oftalmología. Por un momento se sintió tan feliz de su logro en el trabajo que olvidó su frustración anterior.

Quince minutos después recibió un email de felicitación con una foto adjunta de un colega. ¡Conforme abrió la foto adjunta, toda su frustración, enojo, sentimientos atrapados e impotencia volvieron!

Sucedió que hubo dos ganadores del premio, siendo la otra ganadora su supervisora, Shirlene. ¡La ironía de la situación era que sus dos fotografías personales fueron colocadas una al lado de la otra en un anuncio! Petrina se desmayó al verlo.

Estaba preocupado y frustrado. Cada nuevo síncope podía llevar consigo la morbilidad de una mayor pérdida de memoria de corto plazo. Además, cada desmayo parecía perpetuar una sensación añadida de desesperanza, como si todos sus esfuerzos en terapia hubieran sido en vano.

A las 6:45 pm despertó sintiéndose mucho mejor. Aún no podía recordar mucho, ni siquiera lo que había desayunado esa mañana. Tenía miedo y comenzó a preguntarse si comenzaría a olvidarse de todos y de todo eventualmente. Abrió su diario y comenzó a escribir de nuevo. Algunas de las entradas relevantes en su diario están reproducidas como bloques de texto en itálicas y en subsecuentes páginas de este libro.

Martes, *2 de diciembre*
⇨ *11:45 pm*
Estoy aún despierta y tengo miedo de dormir y despertar la mañana siguiente perdiendo la memoria de nuevo ... Escucho mi música favorita esperando recordar mi memoria pasada como siempre lo hago cada día antes de ir a la cama. Mi cuerpo y mente se sienten muy cansados pero de alguna manera no tienen idea de cómo puedo dormir sin pastillas para dormir y medicina anti-ansiedad. Han pasado 3 años desde que realmente he dormido. Empiezo a preguntarme si será una mejor opción realmente entrar en un estado de sueño profundo; al menos ese es el momento en el que puedo realmente obtener el descanso que quiero. Por otro lado, cuando pienso en mi familia y que tengo que explorar muchas cosas en el mundo, no me puedo dar por vencida ... me siento perdida, no quiero pensar en nada, quería llorar,

no salió nada ... era incapaz de llorar cuando era más joven.

Esta no soy yo. Quiero encontrar a la Petrina segura, feliz, positiva, pero han pasado los días y comienzo a sentir que mi memoria está perdiéndose más y parece que estoy empeorando. Quizá sólo no puedo relajarme, no puedo encontrar la paz interior en mí. Solo rezo con fuerza por que mañana pueda despertar sin una mayor pérdida de memoria de nuevo.

Petrina no durmió bien esa noche y la despertaron dos veces dos voces diferentes. Alrededor de las 4:00 am escuchó la voz de un hombre que sonaba como su marido diciendo:

"¡Ya no te amo! ¡La razón por la que estoy atado a ti es por tu dinero, mujer estúpida!"

A las 7:00 am la siguiente mañana, ella despertó de nuevo sintiéndose muy mareada y nauseabunda. Intentó vomitar pero no salió nada. Fue un rato terrible. Durante el resto del día tuvo que luchar contra la interrupción del sueño por alucinaciones auditivas.

Por eso de las 10:00 am se había despertado de nuevo por la voz de Shirlene diciéndole sobre la decepción que su supervisora había tenido en su rendimiento. Este mensaje de voz acrecentó significativamente su presión mental porque sentía que ya cargaba con un lastre emocional muy pesado. Poco después de eso, antes de que se durmiera, escuchó a una voz masculina diciendo: –Petrina, estás cansada ... deberías dejarte ir ... Déjate llevar a un sueño profundo ...

Petrina se despertó alrededor de las 2:00 pm sintiéndose muy somnolienta además de estar mareada y nauseabunda. Estos síntomas la disuadían de fumar y ella pensó que podía ser algo bueno para ella. Se volvió a dormir y se despertó alrededor de las 9:30 pm, sintiéndose aún muy cansada.

No tuvo un sueño de calidad. Podía escuchar a su madre empacar en su habitación y en la sala de estar incluso cuando ella estaba supuestamente durmiendo. Luego en esa misma tarde, su mamá le dio malas noticias sobre su Tía Jasmine (Fig. 1). La condición médica de su tía se había deteriorado. Ella había estado sufriendo de cáncer de mama avanzado, y ahora se dio una expansión metastásica de sus células cancerígenas a otros órganos. Ella se negó a la quimioterapia por razones del costo, prefiriendo guardar el dinero para la educación de sus hijos. Esto era deprimente. Petrina sintió que estaban ocurriendo demasiados eventos tristes al mismo tiempo.

*****

El sábado, Petrina se despertó a las 7:00 am con un peso en el corazón. Experimentó destellos de imágenes de Joshua y Hazel.

Hazel era una chica eurasiática quien había sido su mejor amiga hasta que se dio cuenta que había tenido un amorío con Joshua. Después de eso, Hazel decidió emigrar a Canadá. Petrina había permanecido en la oscuridad todo el tiempo e incluso fue a su casa a ayudarle para su viaje. Mientras empacaba en su habitación, involuntariamente encontró una fotografía mostrando a su esposa y a Hazel juntos íntimamente. Desde ese momento, Petrina se dio cuenta que su amistad había sido traicionada. Desde entonces, siempre que hablaba sobre el descubrimiento de esa fotografía en particular de Hazel y Joshua, se ponía muy sentimental.

Luego experimentó otro flashback de ella misma solicitando infructuosamente a Shirlene que aprobara su permiso de ausencia sin paga para descansar en casa. Fue la primera vez en su vida que dejó su dignidad para rogar por ayuda y aún así fue rechazada. También fue la primera vez que se desplomó emocionalmente en el lugar de trabajo.

Sábado, 4 de diciembre
⇨ *7:10 am*

Podía recordar que no soy una persona que derramara una sola lágrima frente a personas que no son cercanas a mí. Aún así, con toda la presión que he pasado, pensé que era momento de obtener un descanso, aún tengo un largo trecho frente a mí. Ha sido muy cansado intentar poner una máscara para trabajar sonriendo, pero me siento triste, frustrada, perdida e impotente.

Creo que indirectamente Shirlene ha estado añadiendo presión sobre mí sin saberlo. Quizás su intención es buena, pero no todos pueden enfrentarse y manejar el estrés de la misma manera en que ella lo hizo. Pensando en ello, toda la frustración e inestabilidad emocional viene de vuelta ... Para mí su supuesto cuidado y preocupación es sólo para mostrar al resto del personal que se preocupa, ¡pero a mí me parece muy falso!

He llegado al punto en que no vale la pena hacerme a mí misma tan miserable. ¿Por qué no simplemente me olvido sobre todo, y dejo de pensar en ello? Dado que no puedo hallar una solución ... Debo seguir adelante. Sea así o no, esa es la vida.

Alrededor de las 9:00 am, Petrina intentó llamar a su tía. Más temprano, su mamá le había pedido que comprara un boleto para el cine y quería confirmar si su tía iría. No obstante, de pronto, había olvidado el propósito de la llamada y sintió que ya no la reconocería. Esto le preocupaba. Luego se racionalizó. Fue probablemente porque no la veía con suficiente frecuencia, pensó. Desafortunadamente el sonido agudo en sus oídos comenzó de nuevo inesperadamente y tuvo otro desmayo.

Esta vez el desmayo duró dos horas y media y nadie de la casa lo notó. Su hermano estaba bien dormido en todo este tiempo. Subsecuentemente se despertó alrededor de las 11:50 am en la sala de estar con un tremendo dolor de cabeza y un sentimiento de debilidad. Sin embargo, aún podía recordar algunas cosas y por lo tanto se reconfortó a sí misma pensando que estaba camino a su recuperación.

Petrina se estaba quedando en el mismo cuarto que su segundo hermano en un apartamento lleno de gente. Él estaba trabajando en Recursos Humanos y había realizado estudios adicionales conducentes a un título. Se suponía que debía despertarlo para sus clases esa tarde pero, a su pesar, ¡lo olvidó por completo!

Sábado, *4 de diciembre*
⇨ *3:02 pm*
Me siento un poco inestable, no me gusta esta sensación. Mientras más me digo a mi misma que quiero recordar mi memoria, parece que comienzo a olvidar. Quizá me estoy presionando demasiado.

Ya había notado que Petrina era alguien que no se daría fácilmente por vencido. Ella tenía bastante resistencia y parecía ser capaz de capear las tormentas valientemente. Tenía el hábito de actualizarme regularmente sobre su estatus clínico por mensajes SMS, y yo frecuentemente aprovechaba la oportunidad de infundir esperanza en mis respuestas. A las 6:40 pm envié a Petrina un mensaje.

–Buenas noches… Creo que cualquier mejora de tu parte, grande o pequeña, es un gran paso hacia delante. Mantén el ánimo. Estate segura que te recuperarás y pronto volverás al trabajo.

–Gracias, Dr. Mack. Mejoraré.

Las cosas parecían estar mejorando. A las 9:00 pm el sentido de bienestar de Petrina había mejorado. Estaba completamente despierta y, sorprendentemente, no estaba cansada en absoluto.

Estaba libre de mareos. Al menos disfrutó un sentimiento de estar de vuelta a la normalidad. Las cosas se volvieron más optimistas. El reloj repicó. Eran las 3:00 am. Ella seguía totalmente despierta con ninguna sensación de somnolencia. Por un momento no estaba segura si era porque había estado durmiendo demasiado en el día o porque había se había condicionado con el miedo a perder más memoria cada vez que se despertara.

Sacó su álbum de fotos y rumió en torno a su relación rota con Joshua. Le entristecía el desenlace de su matrimonio y el resultante declive en su salud. Nada de lo que había hecho hasta ahora parecía haber cambiado las cosas. Se "sentía atrapada" en una situación donde el costo de alterar el curso de su vida parecía demasiado alto. Sintió como si estuviera en prisión sin libertad condicional.

Más tarde, mientras se encontraba en duelo por su matrimonio fracasado, comenzó a dibujar (Fig. 2). Le había animado antes a ejercitar sus habilidades en expresión artística, con la esperanza de que le diera una oportunidad de desahogar sus emociones. Había aprendido de entrenamiento previo que el proceso de representar las emociones de uno con arte expresivo posee un valor terapéutico en sí. No me daba cuenta que este proceso resultaría ser una poderosa herramienta terapéutica en su recuperación.

Fig. 2: "Hermosa, pero rota"

Muchos de los dibujos expresivos de Petrina están reproducidos en este libro porque representaban las fluctuaciones en su estado de ánimo con mucha precisión. Conforme dimos seguimiento en mi clínica cada vez, pronto descubrí que estas piezas de arte habían sido productos de su mente inconsciente y tenían un significado simbólico incorporado en ellas. Me había preguntado previamente cuál sería la mejor manera de entender su mundo interior, y parecía ahora que había encontrado un método factible.

Fig. 3: "Un deseo que no se hará realidad"

En la quietud de la mañana, mientras Petrina expresaba sus emociones en forma de arte, ella experimentó una sensación de incertidumbre. Era como Deméter en la mitología griega, quien vagaba en una búsqueda infructífera por su hija perdida, Perséfone. Ella se había deprimido por su decisión de haberse casado tempranamente y estaba insegura sobre qué hacer con su vida de aquí en adelante. La relación disfuncional entre sus padres la desalentaron desde una temprana edad y ella había estado esperando proporcionar un contraste, asegurando un matrimonio dichoso para ella misma, desde temprano en su vida.

Ella y Joshua eran amigos adolescentes y se conocían hacía trece años, dado que vivían en el mismo vecindario. A pesar de las múltiples discusiones y separaciones, eventualmente decidieron que estaban destinados el uno para el otro y se casaron. Ella nunca soñó que su matrimonio terminaría en un desastre.

Lo que era notable en esta etapa era la manera en que ella se se lamentaba por su relación comparativa entre Aaron y su marido.

Domingo, 5 de diciembre
⇨ *2:52 am*

Estoy mirando de nuevo las fotos de mi Matrimonio. Mi corazón se siente como si estuviera sangrando internamente, la emoción es tan fuerte, bastante similar a Aaron, pero de algún modo sólo siento una ligera diferencia ... Hacia mi ex-esposo tenia una sensación como de traición, pero con Aaron estaba llena de lamentos. Intenté no pensar en Aaron pero de alguna manera en las últimas horas he tenido destellos de imágenes de mí con un hombre muy alto y moreno. Ninguno de mis amigos se ve así ... ¿Fue mi imaginación o es este hombre Aaron? Al pensar en él estoy sintiendo los mareos de nuevo ...

La naturaleza exacta de su relación con Aaron era aún desconocida para mí en este punto, pero resultó ser algo que ella y yo debíamos descifrar juntos a lo largo de la semana siguiente. Conforme ella estaba terminando su último enunciado en las horas tempranas de la mañana, comenzó a escuchar el sonido agudo en sus orejas de nuevo. Empezó a sentir los mareos y esto fue seguido por la voz de un hombre diciendo: –Eres la última a quien haría daño.– Después de esto se escuchó a sí misma respondiendo: –¡Pero ya me lastimaste!– Este diálogo sonaba familiar – parecía ser idéntico al diálogo de Petrina que había escuchado antes.

Lo que siguió inmediatamente después de esto fue la voz de su supervisora, dándole una reprimenda por generar sus problemas de salud en ella misma. La voz de Shirlene continuaba teniendo un impacto negativo. Esta vez, al oír la voz, Petrina experimentó otro desmayo que duró siete horas. Ella cayó en un sueño profundo y cuando se despertó alrededor de las 10:00 am la mañana siguiente, tenía miedo de decirle a su mamá. Cada vez que escuchaba la voz de Shirlene o su nombre se agitaba bastante y se sentía frustrada, enojada, atrapada e impotente. (Fig. 4). Esta ocasión se sentía más esperanzada, dado que aún podía recordar cosas después de despertar.

Fig. 4: "¿Cuándo dejará de atormentarme?"

Sus experiencias por el resto del día no fueron placenteras. Continuó siendo atormentada emocionalmente por las voces. Por un largo tiempo era una idea comúnmente sostenida que las alucinaciones auditivas eran patológicas e indicativas de enfermedad mental. No obstante, en el breve espacio de tiempo que había estado interactuando con Petrina, intuitivamente me sentí diferente en su caso. Interesantemente, a través de su ordalía había sido capaz de identificar a su propia voz interior entre las varias otras voces que había capturado.

Domingo, 5 de diciembre
⇨ *1:17 pm*

En las últimas horas he estado escuchando voces. "No pienses en Shirlene. Ella es la que acrecienta tu presión. Eso te causó a que llegaras a este punto ahora, no la dejes ganar. ¡Es una hipócrita! Ella sabe por lo que estás pasando pero aún te presiona."

Petrina permaneció completamente despierta de nuevo hasta la 1:00 am conforme era bombardeada por destellos de imágenes adicionalmente a las voces. Esta vez había añadido dolores de cabeza. Era muy cansado, y se preguntaba cuándo terminaría su ordalía. Finalmente se durmió y despertó con buen ánimo a las 9:20 am la mañana siguiente.

Era una brillante y soleada mañana del lunes 6 de diciembre. Ella estaba refrescada y alegre, y la turbulencia de la experiencia mental del día anterior estaba ya detrás de ella. Ella recordó con muchas ganas que tenía una cita en la tarde conmigo para su cuarta sesión de terapia.

Dejó su casa temprano para ir al Departamento de RH para resolver algunas cosas. Recordó que a lo largo del fin de semana un colega le había llamado para felicitarla por ganar un Premio de Servicio al Cliente. Ella llegó al Departamento de RH del hospital alrededor de la 1:00 pm para recoger su premio – un coupón de $10. Recogió su hoja de paga al mismo tiempo. En el camino vio que su foto estaba colocada en todos los elevadores del bloque de la clínica y se sintió muy eufórica. Sin embargo, dentro de un elevador vio la fotografía de Shirlene colocada al lado de la suya. Esto inmediatamente disparó voces en su oído izquierdo y advirtió un síncope inminente. Afortunadamente su madre le acompañaba y logró superar el síntoma rápidamente sin desmayarse. Caminó enérgicamente hacia mi clínica y a la 1:45 me notificó por SMS para anunciar su llegada.

Se notaba inquieta y pronto la llevé a una silla. Una vez dentro de mi sala de consultas, compartió conmigo una de sus experiencias mentales durante el fin de semana.

Había tenido una "visión" de un hombre que era alto y moreno, caminando hacia un cine. Ella no estaba segura de su identidad. Se refirió a las fotos de su boda y este hombre no se veía como su esposo. La descripción corresponde a la de Aaron, pero ella no fue capaz de confirmarla. También había ya localizado el nombre de Aaron y su número telefónico en la base de datos de su computadora, pero una fuerza inexplicable le estaba inhibiendo de llamarle. Simplemente no estaba preparada para marcar el número.

Conforme preparé el sofá para la siguiente sesión de terapia, Petrina se disculpó para ir al tocador. Varios minutos después escuché el sonido de una caída justo afuera de mi sala de consultas.

Mi corazón se hundió ...

Capítulo Siete
Profundidades de la Desesperación

Tal como el cuerpo entra en shock después de un trauma físico, la psique humana entra en shock después del impacto de una pérdida importante.

– Anne Grant

Cuando escuché el ruido, corrí hacia fuera de la sala. Estaba Petrina tendida en el suelo del corredor, inconsciente, inmóvil. Había caído presa del síncope. Se generó rápidamente una conmoción en la clínica y varias enfermeras corrían al sitio.

Por un par de segundos me encontré estupefacto. Afortunadamente una paciente sentada en el área de espera había atestiguado el desmayo y la vio hundirse en sus pies, cayendo en su hombro derecho. Ella me aseguró que Petrina no se golpeó la cabeza en el proceso. Me sentó un poco aliviado.

Ella fue rápidamente transferida a la camilla de examinación y realicé una breve examinación clínica para asegurarme que no tuviese fracturas obvias o lesiones físicas de la caída. Después de esto la dejé para que descansara. Sus sentidos lentamente iba recobrando la claridad. Mientras tanto, le aseguré a las enfermeras que este no era su primer episodio de desmayo y que se estaba recuperando rápidamente.

Cruzaron por mi mente varios pensamientos mientras esperaba. Petrina había tenido un fin de semana duro y había valientemente capeado su alboroto emocional. Parecía estar experimentando un desmayo cada vez que parecía haber una mejora a la vista. Estaba sintiendo la presión de la responsabilidad de cuidar de alguien que necesitaba una atención dedicada y un monitoreo de cerca. Había estado reordenando mi horario de clínica para atender sus necesidades de sanación. Sin embargo, ¡no estaba seguro si mi vitalidad duraría más tiempo que su ordalía!

Pasaron los minutos ... Ella gradualmente movió sus extremidades y abrió sus ojos lentamente. Sentí como si hubiera tomado toda la tarde.

Después de estar totalmente compuesta, Petrina compartió que estaba experimentando una sensación especial de "sentirse sofocada" en el momento en el que se estaba desmayando. Después de cierta deliberación, decidió que aún quería la sesión de terapia.

Había una vacilación de mi parte. ¿Sería mejor para ella posponer la terapia para otro día? No obstante, ella estaba firme. Además, su nuevo síntoma de "sentirse sofocada" me había intrigado. Intuitivamente sentí que algo de importancia primordial estaba por revelarse. Estuvo de acuerdo en proceder.

—Cierra tus ojos y toma una respiración profunda. Enfoca tu conciencia en la emoción de la sofocación...— comencé suavemente.

Como si fuera magia, Petrina entró enseguida en trance, y rápidamente regresó a un evento muy sorprendente.

—Me está golpeando. Es Joshua ...— Había angustia en su voz.

—Dime lo que pasó.

—El cinturón ...— Brotaban lágrimas de sus ojos. Yo estaba perplejo.

—Me está azotando con su cinturón ...— continuó, lo cual me sobrecogió. Una historia de violencia brutal y abuso físico acababa de emerger y no la estaba esperando.

—¿Qué ocurrió después?

–Puedo ver a Hazel y a él juntos en la cama. Me traicionaron. La eché de la casa … no he hecho nada malo.– Comenzaron a rodar lágrimas por los lados de sus mejillas.

–¿Qué emociones sientes en este punto?

–Odio, – dijo firmemente.

–¿Cuáles son tus pensamientos que van con el odio?

–Lo amo tanto y me traicionó. – Comenzó a llorar. En una inundación de emociones, emergió otra historia.

–Usaba su cinturón para pegarle a mi perro también … está sangrando.

Posteriormente me enteré de que Petrina tenía dos perros en casa y uno de ellos se acercaba a ella con un gran pesar cada vez que lo golpeaban. El otro perro había huido y desde entonces nunca lo encontraron.

–¿Qué pasó después?

–Dejó la casa, – continuó. –Quiero buscar ayuda, pero no quiero que se meta en problemas. Pensé que si le doy una oportunidad cambiará. Cuando está enojado usa el cinturón para golpearme. Simplemente quería mi dinero … eso es todo. No volvió … y yo esperé. – Estaba en catarsis.

–¿Qué hiciste cuando no volvió?

–Fui a la casa de Hazel. Los vi juntos en el sótano abierto. Los acompañé al auto y les pregunté: '¿Por qué?' … Ella está manejando el asunto entero … Él dice: 'No te necesito más.' Pasé siete años en un matrimonio vacío. Él empujó mi cabeza contra la ventana del auto. Comencé a sangrar del lado izquierdo de mi frente … volví. Nunca antes le había rogado de esta forma. – Continuó sollozando.

Hubo una larga pausa. De pronto ella brincó a un evento diferente.

–Es demasiado que atravesar. Mi supervisora no ayuda. Ella me dijo: 'Por lo que pasaste, he pasado.' Ella no entiende. Es tan difícil obtener descanso. Es mejor dormir y no despertar.

–Ella dijo que soy inútil. Está bien que haga mi trabajo y que no me des el permiso, pero no tienes derecho a insultarme. Ella dijo: 'Has traído esto sobre ti misma. Es tu decisión. Tu desmayo es causado por tu propio hábito de fumar demasiado. No le eches la culpa a nadie.' Ella usaba palabras muy hirientes.

–He estado trabajando tan duro para ella y aún así no me aprecia. Solía manejar entre sesenta y setenta registros y facturaciones sin quejarme. Esta es la forma en la que me pagas. Le dije que no había ningún ayudante de recepción que pudiera manejar a setenta pacientes como yo lo hago … Ella dice que la amenacé. Le dije que dado que no ve el punto como yo lo veo, quiero una transferencia. Ella dice: 'Tú te has causado esto a ti misma. No necesitas el permiso de ausencia.' Comienzo a preguntarme, ¿para qué es la Clínica de Oftalmología? ¿Colapsará en una semana sin una persona? Veo su egoísmo. Ella sólo piensa en sí misma, haciendo uso de otras personas. Ella dijo: 'Estoy tan decepcionada de ti. Tu desempeño se va por el desagüe.'

–Tengo que poner una sonrisa para trabajar todos los días. Suelo cometer errores … estoy tan cansada. ¿Tengo que ir al Ministerio de Recursos Humanos para obtener el permiso?– Su voz fue a un decrescendo mientras se notaba visiblemente más desesperada.

Hubo una larga pausa.

Luego, repentinamente, llorando, dio un salto de vuelta a su historia con Joshua. –¡Oh … No me golpees! Joshua me está golpeando. No entiendo …– Petrina salió de la hipnosis con una mirada temerosa en su rostro.

El trauma emocional sonaba muy profundo; probablemente demasiado doloroso para continuar. Esperé algunos momentos para que recobrara totalmente la conciencia antes de comenzar una conversación. Ella podía recordar todos los detalles de lo que me había descrito en el trance. En su estado consciente era capaz de llenar las brechas de su historia de la vida real.

Comenzó a explicar. –Olvidé lavar su ropa un día y me amarró de la cama para golpearme, – (Fig. 5) dijo ella con una calma sorprendente. –No me atreví a ir a la casa de mi madre por tres años por el cinturón. No quería reportarlo a la policía tampoco. Si se mete en problemas, mi suegra también se mete en problemas. Si se va a la cárcel, mi suegra va a colapsar. Ella es vieja y Joshua conoce mi punto débil.

–Dejé a mi marido y me quedé con mi mamá desde mayo del 2010 porque no podía soportar más el dolor. Mi suegra tiene ochenta años y aún tiene que trabajar como lava platos en un restaurante para llevar un ingreso a la casa. Ella se queda con Joshua. En meses recientes ella se enteró que Joshua me ha estado golpeando. Ella sugirió que presentara un informe policial pero no quise hacerlo. Ella dice que prefiere quedarse sola que junto con un hijo tan desgraciado.

Era una historia desgarradora. Era difícil para mí imaginar cómo alguien podía tener un comportamiento tan bestial hacia su propio cónyuge. Luego me enteré que la práctica sádica de Joshua iba más allá del uso del cinturón. Usaba un bate de béisbol que

Fig. 5: "No lavé su ropa y él me ató"

había previamente sumergido en agua con hielos y lo aplicaba en las heridas de Petrina después de haberla azotado. Ella sufría impotentemente del dolor. En algunas ocasiones él ponía forzosamente las manos de Petrina entre bloques de hielo y la dejaba gritar del dolor. Subsecuentemente su piel comenzaba a descamarse como resultado de las lesiones por el frío. Después de secar sus lágrimas, Petrina parecía haber obtenido una mejor perspectiva de su propio miedo al cinturón, y por qué tenía la sensación de "estar atrapada". Antes de que termináramos la sesión, abrió su bolso y me mostró su diario.

Era un hermoso diario de pasta dura con un patrón artístico y sentimental en el frente. En la esquina superior izquierda de cada página había una bella imagen de una mariposa en morado. Sus entradas de diario estaban hechas en una bonita letra a mano, cursiva, intercaladas con bosquejos dibujados a mano que representaban sus emociones interiores. No pude evitar reproducir muchos de sus dibujos en este libro, ya que ilustran su mundo interior de sentimientos mejor que cualquier palabra pudiera describir.

Sentí que era una manera efectiva de facilitar el entendimiento de Petrina de su propia psique interior y sensación penetrante de vulnerabilidad a través de la expresión artística. Su tendencia a devaluar su habilidad para resolver problemas había estado trabajando en contra de su proceso de recuperación. La oportunidad de explorar sus pensamientos e imágenes automáticos a través de dibujos creativos le había estado ayudando a construir sus situaciones problemáticas y a lidiar con sus temores.

Lunes, 6 de diciembre
⇨ *2 pm,*
Hoy recordé cómo mi ex-esposo abusaba de mí usando un cinturón para golpearme por no lavar su ropa. Todo

el dolor, odio y sentimientos atrapados volvieron. Siempre he tenido miedo a los cinturones pero no podía entender por qué ... después de la terapia de hoy, finalmente obtengo la respuesta. Siempre me he sentido atrapada porque la última vez que Joshua me golpeó ... me ató a la cama ... Usa su cinturón para golpearme. En ese momento mis sentimientos hacia él eran Amor y Odio.

⇨ *8:45 pm*
Solía pensar que nada era incontrolable pero parece que una emoción tal como el amor no es algo que se pueda controlar. Cuando se trata del amor no hay correcto ni incorrecto ... O quizá debiera ponerlo de esta forma, ¿existe acaso el Amor en una relación/matrimonio o realmente no existe en absoluto ...?

9:18 pm
Muchos dicen que es nuestra elección ser felices o no, pero si ellos tuvieran por lo que yo pasé ... Quizá piensen como yo. Debes saber lo que es "Dejar ir" antes de poder encontrar la felicidad ...

En casa esa tarde, después de que Petrina había descansado bien y estaba en un modo relajado, se le ocurrió el más asombroso dibujo en su diario (Fig. 6). Al terminar este dibujo, se dio cuenta de que una de las causas de su depresión era su ilusión – ¡había estado aferrándose a algo que nunca estuvo ahí!

    Era la imagen de una jovencita en un estado de ánimo melancólico , representado por las gotas de lluvia en un día nublado. Ella estaba sentada y cavilando sobre sus problemas. Sobre la imagen había un dibujo de un corazón roto, fragmentado en dos, y clavado con alfileres. Ella esperaba lograr un matrimonio exitoso y la vida amorosa que nunca existió entre sus

Fig. 6: "Aferrándome a algo que nunca estuvo ahí"

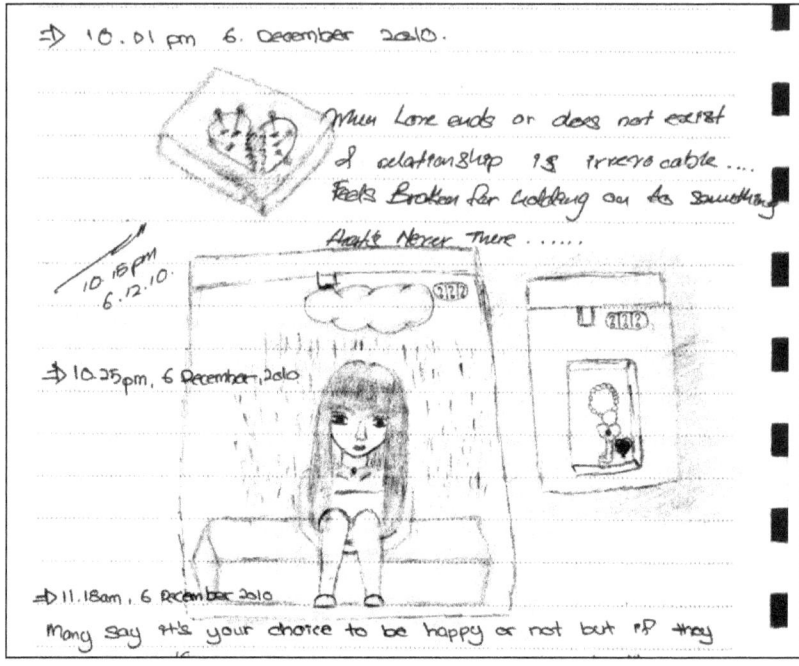

padres. A través del acto de dibujar, ella entendió cómo su ilusión nació y cómo funcionaba en su vida. Ahora se podía separar de ella y verla en acción.

A un lado de la imagen había un dibujo de una llave colocada en una caja que estaba encerrada dentro de una caja fuerte con un código de acceso desconocido. Tenía curiosidad sobre el significado de la llave dentro de la caja pero desafortunadamente, no me pudo decir el significado detrás de esa parte del bosquejo. También noté que la misma imagen de la llave fue dibujada de la misma manera en otra imagen (Fig. 7). Todo lo que dijo fue que la había dibujado desde su mente inconsciente.

Estaba perplejo. La llave no conforma la apariencia usual de la que estamos conscientes en la vida moderna. ¿Cuál era el simbolismo detrás de ella? ¿Había otra capa de misterio dentro de su psique interior? ¿Había otra historia esperando a salir a la luz?

*****

Petrina pasó la mayor parte de su tiempo durmiendo el martes. Por mensaje SMS me aseguró que había podido obtener una calidad ligeramente mejor de sueño después de su sesión de terapia el día anterior. Esto era parcialmente porque, después de revivir la experiencia abusiva con Joshua, sintió que el lastre emocional ahora era menor.

Se despertó a las 7:00 am y escuchó la voz de su supervisora de nuevo. Era muy irritante porque la seguía persiguiendo. Se preguntaba si iba a terminar y cuándo terminaría. Por ahora estaba claro que aunque Shirlene era uno de los mayores contribuyentes en su depresión, su nombre no llevaba el mismo poder para disparar desmayos que antes.

A pesar de su optimismo, las cosas no parecían ir del todo bien con ella. Continuaba experimentando sentimientos dolorosos y de sofocación con respecto a lo que había pasado. Dibujó una imagen de ella misma llorando en su cama, un corazón roto y una espada colgante apuntando a su corazón (Fig. 7). Había tres niños perdidos pidiendo a gritos a su mami. La culpabilidad interna surgiendo de sus tres abortos parecía estar gritando desde dentro. Su tensión intrapsíquica parecía haber llegado por medio del arte.

Fig. 7: "Dolor sofocante y que perfora el corazón"

La imagen, como yo la interpreté, representaba su necesidad insaciable de reparar y revivir a sus seres queridos. Eso la había llevado a un estado de duelo. Estaba preocupado que su tendencia reparadora cambiaría de una culpa depresiva a una culpa persecutoria que podría ser perjudicial para su serenidad interior; esto necesitaba trabajarse o bien podría llegar a ser emocionalmente incapacitante.

Martes, 7 de diciembre
⇨ *7:45 am*

Tuve destellos de imágenes, aunque estoy obteniendo el descanso en casa, pero aún siento el dolor sofocante y que perfora el corazón, dolor insoportable ... Siempre me pregunto por qué hay tantas molestias y problemas y ¿por qué no, si no puedo manejarlo, lo puedo dejar a un lado, dado que no puedo hallar la solución, si de esa manera podré ser más feliz? ¿Pero qué es feliz? Demasiado tiempo desde que perdí el sentimiento de felicidad ... Perdí la pista de ello y no tengo idea de dónde encontrarlo. Recientemente me doy cuenta que las cosas más simples son las más difíciles de obtener o de lograr.

Trabajar sus emociones podía significar que tenía que aceptar su pérdida en primer lugar. Sólo entonces sería ella capaz de superar sus defensas patológicas y re-adaptar su ego a la realidad. La manera en la que la terapia de regresión podía ayudar en estos procesos sería permitiéndole re-experimentar sus eventos traumáticos bajo trance, dándole la oportunidad de re-enmarcar la experiencia bajo una luz diferente.

A través de su creación artística, Petrina estaba trabajando su estado depresivo para recrear y restablecer el pasado perdido. Parecía estar creando un mundo que simultáneamente representaba tanto su pasado como su presente. Mientras reflexionaba sobre los dibujos, me di cuenta que un entendimiento de su historia pasada servía como una importante función para proporcionarle un sentido de continuidad en la vida.

Petrina se durmió de nuevo después, esa mañana, y despertó dos veces subsecuentemente, una a las 12:40 pm y de nuevo a las 3:20 pm. En ambas ocasiones se sintió muy cansada. Ella notó que había estado experimentando este sentimiento de cansancio cada vez después de sus sesiones de terapia. Físicamente sus hombros se sentían más ligeros porque ya no percibía el pesado lastre emocional que había cargado hasta ahora.

¡A las 6:50 pm se despertó en lágrimas! Esta fue la primera vez en la vida de Petrina que se había despertado llorando. Había tenido un sueño muy vívido en el que se encontraba encerrada dentro de un cuarto y un hombre estaba parado afuera, pero renuente a ayudarle a abrir la puerta. En su desesperación para liberarse, lloró. Intuitivamente interpreté esto como si su yo interior estuviese hundiéndose lentamente en las profundidades de la desesperación, mientras un individuo en quien confiaba, en

Fig. 8: "¡Libérame, por favor!"

quien ella había vertido sus esperanzas, no movió un dedo para ayudarla. En retrospectiva la viveza del sueño me alertó a la posibilidad de que este fuera un sueño kármico. Había expresado el sueño de nuevo en forma de arte (Fig. 8). Lo que era notable de esta imagen, y algo que no noté a primera vista, era que el hombre en cuestión portaba la llave alrededor de su cuello. Ella había dibujado la llave inconscientemente sin entender por qué lo había hecho, pero había hecho una referencia especial a " la llave de su libertad" en su diario subsecuentemente.

Esa tarde, sintió de pronto que algo o alguien faltaba en su vida. Era un sentimiento tal de soledad que dibujó una imagen de ella misma parada, aislada en un paisaje estéril, bajo un sol caliente. Luego me explicó que era una expresión del miedo de encontrarse sola y abandonada (Fig. 9). Su explicación tenía sentido, porque la soledad podía en efecto convertirse en un

Fig. 9: "Tan sola ..."

abismo mortal. No obstante, esperaba que ella pudiera ver las dos caras de la soledad. Si pudiera aprender a confrontar su sentido de soledad y tornarlo en un sentimiento de unicidad, podría desarrollar un sentido de valor infinito en ella.

Miércoles, 8 de diciembre
⇨ *1:20 am*

Después de la terapia del lunes, aunque he dejado salir cierta emoción ... me siento mucho mejor, pero con esto de alguna manera, de momento, estoy muy vacía por dentro. Especialmente después de que tuve el sueño en el que estaba encerrada en un cuarto esperando a que alguien me liberara y me sacara ...

Me refiero a los dos dibujos anteriores – hay una llave guardada en una caja y encerrada en una caja fuerte, pero no tengo idea de cuál es el código de acceso para abrirla. El hombre con el que soñé está portando la llave alrededor de su cuello ... Simplemente no puedo dejar de preguntarme ... ¿es él quien tiene la llave de mi libertad o era mi imaginación?

En mi sueño también escuché la voz de un hombre diciéndome: –No eres la Petrina que conozco. Solías ser muy fuerte y positiva ... la Petrina que veo ahora es tan frágil, débil y negativa...– Puedo recordar que las últimas tres palabras me las dijo Shirlene. Hasta ahora la voz de Shirlene aún me persigue cuando estoy despierta o dormida, pero la voz no me puede hacer sentir tan frustrada como antes. Esa es una buena señal, pero el enojo sigue ahí.

Apenas me daba cuenta, en este punto en el tiempo, que la "llave" era un importante símbolo kármico, y el punto de anclaje de una historia sumamente fascinante estaba por emerger y atraparnos por sorpresa en los días venideros …

Capítulo Ocho

Vacío

Hubo un tiempo en que conocía sólo oscuridad y quietud ... mi vida no tenía pasado o futuro ... pero una pequeña palabra de los dedos de otro cayó en mi mano, que se aferraba al vacío, y mi corazón saltó al rapto de la vida.

– Helen Keller

Era miércoles, 8 de diciembre. Petrina llegó a mi clínica a las 3:15 pm para su quinta sesión de terapia. Esta vez no venía acompañada porque todos los miembros de su familia estaban en el trabajo. Sus sesiones previas habían sido emocionalmente difíciles de sobrellevar, pero estaba determinada a persistir y a reponerse. Compartió conmigo la información de que la terapia había traído a la superficie su síntoma más reciente de una sensación de "vacío". Habían estado interviniendo sentimientos dolorosos con su sentido de bienestar. Esto ocupaba su energía y le dejaba sintiéndose agotada y vacía, además de sentirse sola. De algún modo, sentía como si estuviera previendo que algo importante ocurriría pronto y necesitaba su atención.

Sentía remordimiento después de haber pasado por 3 abortos y su aflicción era expresada en relación con el dolor de sus bebés nonatos. No obstante, ella entendía que el remordimiento no podía anular el "pecado" y que sólo podía sentir dolor por ello. De hecho, ella estaba albergando el pensamiento de que Dios podía estar castigándola ahora al hacerle sentir sola. También recordó el comentario de su ginecólogo de que quizá no sería capaz de concebir de nuevo en el futuro por sus repetidos y frecuentes abortos. Eso reforzó su sentido de ser castigada en este punto. Reflexioné sobre esto. ¿Podría traducirse en un anhelo de reparación para ella?

Miércoles, 8 de diciembre
⇨ *2:30 pm*
El sentimiento de vacío, pérdida, de estar atrapada y de impotencia ha estado conmigo por mucho tiempo ... nunca me abandona. Especialmente después de la terapia del lunes el sentimiento de vacío se ha acrecentado. Joshua ha tomado la mayor parte de lo que tengo menos lo que se ha dejado atrás ... alguien ha tomado el último pedacito de lo que me queda. ¿Ahora me siento como un zombi? O lo que se ha dejado atrás es sólo un cascarón vacío.

He aceptado y enfrentado la realidad de lo que le pasó a mi matrimonio, pero comenzar todo de nuevo simplemente parece difícil. Tengo miedo de perder y caer ... pero no tengo opción, sólo puedo seguir adelante. Sólo siguiendo adelante creeré que llegaré a mi destino un día, de otro modo, siempre estaré aquí estancada ...

Petrina se veía cansada y fatigada, pero interesada como usualmente por su terapia. Después de una breve inducción, entró rápidamente en trance y use su sentimiento de "vacío" como un puente emocional.

–Estoy esperando a Joshua,– masculló. –La cena está lista. Él podría volver y comer pero nunca vuelve. Esto ha pasado incontables ocasiones.

–¿Cuáles son tus pensamientos en este punto?

–Es un matrimonio vacío. Esperé más de cinco horas hasta que llegara … en ocasiones me pregunto, ¿quién es el hombre durmiendo a mi lado? Él dice que tiene que trabajar. Pero sé que está con Hazel. Me fui para seguirlo ... lo encontré en casa de Hazel. La está besando.

–¿Cuáles son tus emociones en este punto?

–Vacío. He perdido a mi amiga. Perdí a mi esposo.

–¿Qué hiciste cuando lo viste besando a Hazel?

–No hice nada. Entraron en la casa y salieron después de seir horas. Luego fueron a cenar en un restaurante Japonés. Los seguí. Se veían muy felices juntos ... pero él nunca me llevó a ningún restaurante.– Rodaban lágrimas por sus mejillas.

–¿Qué ocurrió después?

–No sabían que los estaba observando. Se fueron a casa de Hazel y nunca volvieron. Dejé de preguntar. Me cerré. Discutimos demasiadas veces por Hazel. Dejé de cocinar para Joshua. A él no le importa ... no quiero que me toque ... él usó la fuerza ... no hay nada que pueda hacer.

–¿Qué emociones sientes en este punto?

–Me siento perdida.

–¿Qué pensamiento va con ese sentimiento?

–Pensé que quizá si se toma la molestia de tocarme aún me ama.– Entró en catarsis. Hubo una pausa mientras estaba aún luchando para salir del estado emocional.

–Comencé a esperarle de nuevo ... pero me di cuenta que soy sólo una máquina sexual para él. Lo perdí todo. Tan sólo deseo seguir adelante. Le dije a mi mamá que me voy a divorciar. Ella me pidió que hablara con él. Le dije que ya lo había decidido y que iré a casa pronto.

–Comencé a recibir muchas llamadas de SingTel y de StarHub, persiguiéndome por las deudas en las que él incurrió. Lo confronté. Él dijo: 'Nunca te pedí que pagaras ninguna de estas cuentas. Tú lo hiciste voluntariamente por mí.'

–¿Cómo te sentiste cuando él dijo eso?

–Lo estaba esperando. Él abusaba de mí. Usaba el cinturón para golpearme. Me pedía que tuviera relaciones sexuales con él.

Intenté empujarlo. Me amarró a la cama ... yo estaba sangrando. Entró en catarsis de nuevo.

–Después de eso me mudé de vuelta con mi mamá. Lo perdí todo. No hablé con nadie. Me guardé todo yo sola. Me sentía muy presionada. No hay nada que pueda hacer. Tengo que seguir adelante. Me mantuve ocupada. Mis horas de trabajo se están alargando.

Petrina pausó por un momento y luego continuó lenta y titubeantemente. De pronto pareció haber saltado a otro evento.

–Había un hombre a quien le estaba contando de Joshua en un restaurante. Se ve familiar ... casi en sus treintas, pero no puedo recordar su nombre. Él dice que Joshua no tiene derecho ha hacerme esto.

Escuché atentamente. ¿Estaba describiendo a Aaron de nuevo?

–Nos fuimos,– Petrina continuó.

–¿Qué pasó después?

–Me veo a mí misma con mucha sangre. Me corté en la muñeca.– Esto llamó mi atención. Esta era la primera vez que hablaba de cortar su muñeca. Luego me enteré que esto sucedió antes de intentar suicidarse con las pastillas para dormir.

Petrina continuó: –Tomo pastillas para dormir ... Estoy con Fabian. En mi última conversación con Fabian, él dijo que no volvería ...– Finalizó con una nota de tristeza y luego se salió del trance espontáneamente.

Reflexioné sobre la sesión. El patrón de su respuesta mientras estaba en trance había sido muy consistente. Cada vez que se mencionaba el nombre de Aaron, o una descripción suya surgía, Petrina salía rápidamente de la hipnosis.

En este punto, ella estaba muy cansada y decidí terminar la sesión de terapia. Se veía triste e indicaba que estaba experimentando una incomodidad en la parte superior derecha del pecho. Era una sensación de espasmo y un sentimiento "como si estuviera atada".

Instintivamente puse la palma de mi mano derecha sobre ese punto. Había tomado entrenamiento de Reiki varios años antes, y uso la modalidad cuando distingo una necesidad en mis pacientes.

Sentí la energía fluir instantáneamente a través de mis palmas sobre su pecho y en cuestión de segundos ella retroalimentó con un susurro: –¡Está caliente!– Lo que ella sintió fue una forma de energía sanadora. Dejé mis manos ahí por los siguientes minutos mientras se sentía más relajada y se desplazaba a un estado de ensoñación. Pronto, una complexión de calma y paz radiaba de ella.

La asistente clínica que actuó como mi chaperóna era una mujer india de edad media. Ella me preguntó suavemente: "Doctor, usted practica el Reiki, ¿no es así?"

Asentí con la cabeza y nos sonreímos el uno al otro. Luego me enteré que ella había estado en compañía de amigos que también practicaban el arte.

Había aprendido la sanación con Reiki en el 2003. Ese era un tiempo en el que sentía que había más para la sanación en la medicina que sólo la práctica de farmacoterapia, cirugía y radiación. Creía que el universo tenía muchos otros campos inexplorados disponibles para nuestra necesidad de sanación.

Pasaron diez minutos. Petrina indicó que el dolor sobre el pecho se estaba desvaneciendo y el flujo de energía había disminuido. Cambié las posiciones de mis manos para cubrir otras partes de su cuerpo, incluyendo su abdomen, mediastino y su cabeza. La sesión entera de sanación duró aproximadamente 30 minutos y al final, se sumió en un estado de sueño.

Petrina se despertó 15 minutos después. Con una sonrisa cansada entendió que la sesión había concluido y me aseguró que estaba lista para irse a casa por sí sola. Luego la despedí en un taxi.

*****

Esa noche, comenzaron de nuevo las pesadillas. Petrina tuvo dificultades para quedarse dormida. El momento en el que cerró sus ojos, tuvo destellos de imágenes pavorosas de Joshua golpeándola con el cinturón. La sesión de hipnoterapia había revivido una de las memorias más traumáticas en su matrimonio.

Era pasada la media anoche, y aún estaba luchando en la cama. Al final se levantó y escribió:

Jueves, 9 de diciembre
⇨ *12:38 am*
Puedo sentir dolor físico ... está en todos lados ... tengo miedo aunque Joshua no me puede hacer ya daño. Pero después de recordar, él parece simplemente estar persiguiéndome ... no hay ningún lugar en donde pueda esconderme ... siento como si me hubiese destrozado en pedazos ... no tengo idea de cómo levantarme.

⇨ *1:45 am*
Aún no puedo dormir. De pronto este pensamiento me vino a la mente ... este viaje de recuperación es tan doloroso ... si tuviera una opción preferiría no recordar esta parte de mi memoria ... al igual que Aaron ... El dolor es tan insoportable, no puedo respirar y mi corazón comienza a sentirse como que está desgarrado ...

⇨ *2:30 am*
Estoy escuchando voces diciéndome "¿Estás esperando que él vuelva para ayudarte?" Supongo que es mi imaginación ... pero de algún modo no sé por qué siento que hay una parte de mí esperando que alguien vuelva por mí. Este sentimiento ha estado conmigo desde septiembre ... nunca le he contado esto a nadie, ni siquiera al Dr. Mack. ¿Por qué? Seguía preguntándome

a mí misma, ¿y a quién espero? ¿Estoy comenzando a huir de la realidad de nuevo? ¿O me estoy dando por vencida? En serio no sé ... ¿Qué debería hacer? Estoy demasiado cansada y ya no tengo el valor para recordar el pasado ...

Cuando leí estas entradas estaba extremadamente intrigado. ¿Quién era esta persona que Petrina había estado inconscientemente esperando que volviera? Toda la evidencia estaba apuntando a Aaron. Pero, ¿quién era él exactamente? La frase: "Eres la última persona a la que lastimaría" Parecía aparecer repetidamente, y cada vez parecía doler. ¿Por qué ocurría esto?

También, Petrina acababa de producir un dibujo adicional en su diario – de nuevo con la misma ya familiar llave dentro de una caja de madera en la caja fuerte. Adicionalmente dibujó un corazón roto junto a la llave. (Fig. 10). ¿Por qué su mente inconsciente traía de vuelta la imagen de la llave repetidamente y en formas diferentes? Había sido una experiencia sumamente fascinante seguir su viaje de sanación. Intuitivamente, estaba esperando que se desplegara una historia.

En medio de los flashbacks, la noche pasó

Eran las 8:30 am del jueves cuando Petrina despertó. No había dormido mucho la noche anterior. Después de revivir su intento de suicidio y volver a experimentar el abuso físico de su marido apenas se pudo quedar dormida. No obstante, ella estaba a la espera de su sexta sesión de terapia.

Fig. 10: "Serías la última persona a quien lastimaría"

Se apareció puntalmente a las 11:00 am, de nuevo sola. Se veía demacrada y los signos de fatiga se revelaban por debajo de su rostro maquillado. El trauma de la violencia de Joshua había sido sumamente perturbador e insoportable. Rápidamente se estableció en mi sala de consultas y estalló en lágrimas mientras intentaba describirme sus emociones. Mientras lloraba, aproveché la oportunidad de usar las emociones del trauma de la violencia de su esposo como el puente. Se sumió en estado trance rápidamente.

–Me golpea con su cinturón, – comenzó en tono desesperado. –No podía hablar. Usa cinta adhesiva en mi boca …

Hubo una pausa, y ella tuvo una visible dificultad para continuar. Sonaba impotente y su voz era temblorosa. Sus párpados vacilaban y sus músculos faciales se tensaron. Su tensión emocional se acumulaba en un crescendo, y estaba claro que el tumulto interior era demasiado para continuar con ello ahora.

Después de sacar a Petrina del trance, di tiempo para una pausa y le dejé ir al tocador. A su regreso se veía más compuesta y mostraba interés en resumir la terapia. Admirando su resistencia y determinación, accedí.

Regresó a la misma escena y la historia prosiguió de donde había sido interrumpida antes.

–Oh … ¡El cinturón! Lleno de sangre viniendo de mi espalda. Me amarra. Le gusta usar el bate de béisbol conmigo. Lo pone en hielo y lo frota contra mis heridas.

Me estremecí ante la brutalidad.

–Comienza a golpearme de nuevo usando el cinturón. No puedo gritar. La cinta adhesiva no me deja hacerlo. Él coloca un paquete entero de hielo en mi abdomen y espera que se derrita. Después de que el hielo se derrite es doloroso. No me puedo mover … La tortura duró dos semanas, cada día de la semana y una vez al día.

–¿Qué emociones sientes en este punto?– Contuve la respiración mientras preguntaba.

–Tengo miedo … No quiero despertar.

–¿Cómo hiciste frente a esto?

–No lo sé.

–¿Qué ocurrió después de las dos semanas?

–Después de las dos semanas se fue de vacaciones con Hazel. Empaqué mis cosas y le dije a mi mamá que me iba a casa. Le dije a mi suegra que me iba. Ella dice: 'Repudio a mi hijo. Vete y no vuelvas jamás.' … Me sentí aliviada.

–¿Qué pasó después de que decidiste irte?

–Perdí el apetito. Bajé diez kilos. Estoy tocando fondo. Mi amiga Jessica me está ayudando a mudarme de casa …

–¿Qué ocurrió después?

–Me fui a casa de mi mamá. Me aislé por tres meses. No hice nada durante tres meses … Me sentí VACÍA.

–¿Qué hiciste después de esos tres meses?

–Después de los tres meses salí y hablé con un hombre … No sé quién es. Le conté todo sobre mí. Él dijo: 'Mereces un hombre mejor. Olvidarás todo.' – De nuevo, este hombre no identificado sonaba como Aaron.

Petrina salió de la hipnosis en este punto. Se veía muy perdida. Ahora su emerger espontáneo del trance ya no me sorprendía. La asistente clínica, Sabiah, rápidamente le ayudó a sentarse en una silla.

Percibí que Petrina se había hecho emocionalmente más hábil comparado con sesiones previas. Sabiah le sirvió una taza de Milo caliente mientras comencé una conversación para darle tiempo de recuperar la compostura.

Intuitivamente ella podía leer la preocupación en mi mente. A la 1:15 pm me aseguró que se estaba sintiendo suficientemente bien para irse a casa sola. La acompañé al sitio de taxis y tomé un suspiro de alivio mientras se fue en el taxi. Poco sospechaba que era tan sólo el comienzo de otro gran evento dramático en el día.

Capítulo Nueve
Impotencia y Miedo

La impotencia es incuestionablemente la primera y más certera indicación de un corazón orante ... La oración y la impotencia son inseparables. Sólo aquél que se siente impotente puede verdaderamente rezar.

– O. Hallesby

Dos horas más tarde, recibí una llamada de Petrina. Sonaba bastante impotente. Asumía que ya habría llegado a casa entonces, pero subsecuentemente me di cuenta que estaba equivocado ...

Petrina habló de una manera muy frenética y lamentable. Dijo que el personal del Departamento de Recursos Humanos le había llamado. Alguien de nombre Lorna dijo que RH tenía que recibir aún la documentación oficial de su permiso de ausencia por hospitalización de su parte. De momento, ella no sabía que había pasado con su certificado de permiso de ausencia médica ni cómo responder a RH. Con sus fallos de memoria recientes, era incapaz de recordar si había presentado el documento y a quién se lo había dado. En la desesperación del momento le dio a Lorna mi número celular y le pidió que me llamara.

Esta situación incómoda llegó por sorpresa. No había anticipado que su condición médica pudiera llevar a una complicación administrativa. En la ausencia de un certificado médico, el estatus de trabajo de Petrina sería equiparable a una ausencia sin permiso y las consecuencias serían graves. Esto era teniendo en mente la hostilidad de su supervisora, Shirlene.

No había duda que el problema necesitaba ser atendido urgentemente porque Lorna podía llamar en cualquier momento. Para evitar que Petrina se metiera en problemas, necesitaba inmediatamente presentar un certificado médico duplicado en su nombre. Esto requería de acción inmediata.

Entré en el sistema computacional de archivos de historiales clínicos de pacientes del hospital y entré en los expedientes médicos de Petrina. Luego, generé una copia de su certificado de hospitalización con el nombre de la Dra. Shanti como el doctor certificador. Posteriormente caminé enérgicamente a la Sala de Neurología en busca de la hermana Louise. Necesitaba que obtuviera la firma de la Dra. Shanti para mí.

La suerte estaba de mi lado. La hermana Louise estaba en turno. La actualicé con respecto a la condición de Petrina y le expliqué la complejidad y urgencia de su situación. Después de eso le pedí que contactara a la Dra. Shanti para obtener su firma.

–No hay problema,– dijo con su usual estilo confiado.

–Déjamelo a mí. Te llamaré cuando esté hecho.

Regresé a mi oficina. Por primera vez me empezaba a sentir cansado y triste. Era como si la luz estuviera ausente al final del túnel.

Media hora después, la voz de la hermana Louise estaba en el teléfono de nuevo. –La Dra. Shanti ha sellado el certificado médico y está listo para que lo recoja. ¿Quiere que se lo envíe?

La eficiencia de la hermana Louise no me venía de sorpresa. Ella nunca había decepcionado en su trabajo operacional desde el primer día que la conocí.

–Muchas gracias, pero no. Iré y lo recogeré yo mismo ahora.

No había tiempo que perder. Con el documento en mis manos, caminé directo al Departamento de RH. Mi celular sonó conforme entraba en el elevador. Lorna estaba en la línea.

–Buenas tardes, Dr. Mack. El miembro de mi personal, Petrina, me indicó que le llamara.

–Sí, estaba esperando su llamada. De hecho voy camino a su oficina en este momento.

–¡Oh! – sonaba conmocionada. –Okey, lo veré en la entrada.

En la Oficina de Recursos Humanos, Lorna salió con su gerente Mary para saludarme. Ambas lucían más bien incómodas por mi visita sorpresa. Me presenté y fui directo al grano.

–¿Supongo que esto es lo que requieren de Petrina?– Entregué el certificado médico mientras hablaba.

–Pues … sí.– Mary estaba buscando las palabras para continuar con la conversación. –Y gracias por hacer el viaje desde su oficina.

Percibía que tanto Mary como Lorna encontraban difícil de entender por qué un doctor mayor se tomaría la molestia de personalmente ir a la Oficina de RH para presentar un documento en nombre de un paciente. Después de todo, Petrina era sólo ayudante de recepción en el establecimiento.

–No hay problema. ¿Está en regla el certificado?

–¡Oh! Sí.– Mary echó un vistazo al certificado médico y continuó. –Supongo que con este documento autorizado, estaremos listos para procesar su salario de diciembre y pagar su bono de fin de año.– Su tensión facial se relajaba lentamente.

–¿Hay algo más que pudiera necesitar de mi parte?– preguntó.

–Pues, sí … en efecto tenemos interés en saber qué está pasando con Petrina,– dijo Mary. –Sabemos que ha estado enferma y no ha ido a trabajar, pero no tenemos idea sobre su condición médica.

–Okey. Hablemos entonces en privado.

Nos dirigimos a un cuarto cercano de entrevistas para vacantes. Lorna comenzó la conversación. –Yo fui quien solicitó su certificado médico porque no ha ido a trabajar ya hace un tiempo y no habíamos sido notificadas. Ella dijo que no podía recordar qué había pasado con el certificado y me preocupó escuchar la noticia de su reciente pérdida de memoria. Nos preguntamos cuál es su estatus actual.

–Está al borde de una depresión nerviosa,– comencé. Hubo señales de preocupación en sus rostros.

–Le estoy dando terapia de momento y con suerte se recuperará para cuando expire el tiempo de su permiso de ausencia.– Pausé por un momento y estaba decidiendo cuánta información clínica debería divulgar. Las dos administradoras de RH parecían preocupadas. Ellas tenían que entender la condición clínica de Petrina antes de poder ayudar, pensé.

–Escuchamos que ha estado enferma, hospitalizada y que se le dio de alta, pero no tenemos información más allá de eso. Ahora que nos dice que ni siquiera puede recordar dónde se han guardado las cosas, estamos extremadamente preocupadas sobre su habilidad para resumir su trabajo. Su supervisora ha expresado los mismos sentimientos, – Mary explicó.

–Bien, no he conocido a la supervisora antes,– continué,–pero, por lo que yo entiendo, su supervisora ha disparado algunos de sus síntomas.

Mary y Lorna se hallaban desconcertadas, y lanzaron una mirada la una a la otra.

–Petrina me ha dado permiso de hablar sobre sus problemas. Su pérdida de memoria es producto de su trauma emocional, el cual resultó por el abuso de parte de su cónyuge. No ha estado durmiendo bien en los últimos tres años y recientemente ha desarrollado desmayos. Necesitaba desesperadamente un tiempo fuera del trabajo para resolver su divorcio, pero en el momento más oscuro de su vida, su supervisora denegó su aplicación para su permiso de una semana de ausencia sin paga. Se desmayó en la oficina del Director, fue hospitalizada y ha estado entrando en desesperación desde esa ocasión; cada vez que se menciona el nombre de su supervisora, se desmaya. – Lo dije todo de jalón.

–Lamentamos escuchar esto, – Mary respondió en tono de disculpa. –Pero si se encuentra tan severamente enferma, ¿cree usted que esté en condiciones para volver al trabajo?

–Esa misma es la razón por la que le hemos dado un mes de permiso de ausencia médica. Necesita tiempo para descansar y recuperarse. Sólo puedo esperar que se beneficie de la terapia y se recupere a tiempo. Mi preocupación está realmente en qué va a pasar cuando vuelva a trabajar y se enfrente a la misma supervisora en el mismo entorno, después de su recuperación.

–En realidad estamos pensando en transferirla al Departamento de Calidad en el Servicio a su regreso. Déjeme ver si puedo lograr que el Gerente de CS concierte una entrevista con ella cuando vuelva.

–Ese sería un arreglo razonable. Gracias.

Me despedí mientras me agradecían de nuevo que compartiera la información y que me tomara la molestia de reunirme con ellas.

*****

Eran las 5:15 pm y recibí una llamada de Petrina. Sonaba desesperada y tenía una historia espeluznante que contar.

Aparentemente, por alguna razón, después de que dejó el hospital en el taxi, no se dirigió a casa. En lugar de ello, terminó en un parque infantil en Hougang Avenue 3, y no podía explicar cómo terminó allí. Escuchó muchas voces diciendo "Aaron" y poco después de eso se desmayó.

Cuando recobró la conciencia, entró en pánico y de pronto perdió toda su memoria. En su desesperación no pudo siquiera recordar la dirección de su casa. En un arrebato, sacó su libreta de direcciones y comenzó a llamar buscando ayuda. Con un golpe de suerte logró localizar a su buen amigo, Bernard. Bernard, quien resultaba estar en su estación de trabajo de cómputo en la oficina, recibió la llamada y se llevó el susto de su vida. Salió de su oficina inmediatamente, manejó hasta el sitio y la encontró llorando desesperadamente en un parque infantil. La llevó a casa sin peligro.

Era obvio que había ido en busca de Aaron – el individuo a quien había estado intentando identificar y recordar. También se hacía más claro que Aaron tenía una influencia tan importante en la vida de Petrina que incluso su nombre tenía cautivas sus emociones.

Jueves, 9 de diciembre
⇨ *4:55 pm*
Alrededor de la 1:50 pm, no sé por qué, después de la cita con el Dr. Mack debía ir a casa y de alguna manera terminé en Hougang Ave 3 ... No puedo realmente acordarme de lo que sucedió ... Me desmayé en el parque infantil ... antes del desmayo escucho muchas voces ... Una voz masculina dice –No puedes recordar a Aaron, ¡no puedes soportarlo! ¡Debes olvidarte de él!

También puedo escuchar mi conversación con otro hombre. El hombre dice –Serías la última persona a quien hiciera daño ... Confía en mí, no te voy a hacer daño...– Le dije: –¡Dijiste que no me ibas a hacer daño! Me lo prometiste. Confié en ti, ¡y aún así ya me hiciste daño!

En breve me desmayo ... al despertarme me doy cuenta que no puedo recordar nada. ¿Quién es Aaron? ¿Cuál es nuestra relación? Pareciera que él tiene un fuerte impacto en mí ... Después de escuchar su nombre mi memoria fue borrada tal como una computadora ... Cuando re-instalas el programa todo será eliminado ... Mis últimos viajes por la terapia se han tornado inútiles ...

Petrina volvió a casa en un estado de disturbio emocional. Su conciencia estaba siendo dominada por pensamientos intrusivos-repetitivos. Más tarde esa noche, me envió un mensaje: –Escucho muchas voces con imágenes ... Estoy confundida ... No tengo idea de por qué sigo llorando. El nombre Aaron sigue apareciendo … ¿Quién es él???

Cuando subsecuentemente tuve la oportunidad de examinar su diario de nuevo, me sorprendió que las imágenes que dibujó esa noche eran consistentemente de naturaleza espeluznante. Había un tema común de suicidio en todas ellas.

Los dibujos incluían imágenes de ella cortando su muñeca, una botella de pastillas para dormir (Fig. 11), un cuchillo y una cuerda para colgarse (Fig. 12). Una de las imágenes parecía mostrar que estaba perdiendo la memoria de la apariencia de Fabian y estaba intentando con fuerza recordar su identidad durante su funeral. Desde la perspectiva de su psique interior, parecía que se ampliaba una grieta entre su yo presente en desesperación y la persona que solía ser.

Fig. 11: Tantas preguntas sin respuesta …

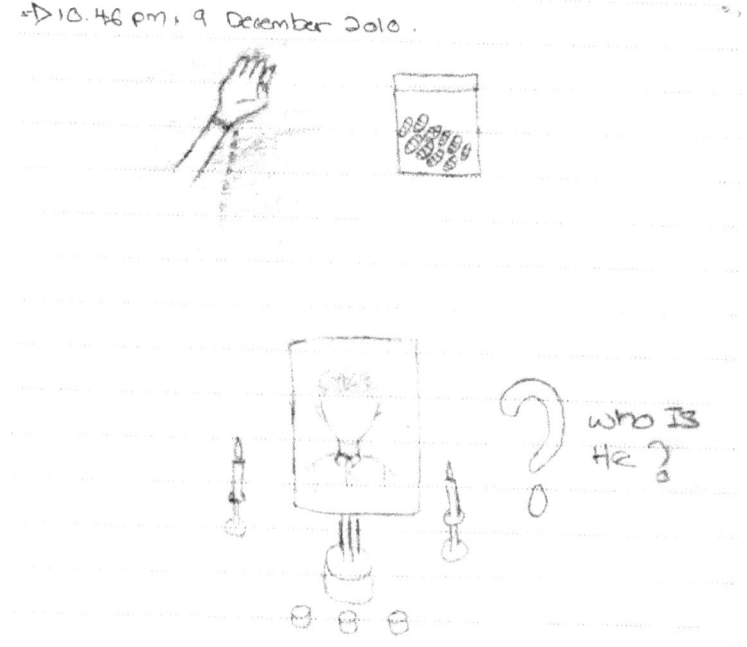

Estos eran destellos oscuros de desesperación. Su preocupación con el tema de la muerte me asustaba y me preocupaba. Conforme su desesperación se profundizaba, lo que solía tener significado para ella ahora parecía insignificante. Del mismo modo, aquello que era insignificante en el pasado, parecía ser significativo. Me maravillaba de mí mismo, cómo había obtenido suficiente valor para atravesar este viaje con ella hasta ahora. Aún así, las cosas eran esperanzadoras. A través de estas imágenes estaba trayendo sus pensamientos suicidas a un espacio abierto de discusión compartida. Esa era una señal favorable. Sin embargo, era un tiempo difícil. Necesitaba ayudarle a calmar la agitación mental que la estaba impulsando hacia la autodestrucción. Ella necesitaba un poco de autoconciencia para tomar un paso atrás y obtener una visión fresca de su propia situación.

Jueves, 9 de diciembre
⇨ *10:46 pm*
Tengo estos destellos de imágenes .. ¿De quién era esa mano? ¿Qué tenía eso que ver con las pastillas? ¿Qué pastillas eran esas? Y el hombre… ¿Quién es él? ¿Qué tiene que ver todo esto con su funeral? ¿Se suicidó? Tengo tantas preguntas pero no puedo encontrar la respuesta ...

Era un reto calmar a un paciente por teléfono tanto como era difícil para una persona en desesperación calmar su propia alma. El suicidio se había convertido en un trampilla que se había abierto repentinamente. Sus voces parecían sugerirle que el suicidio era una escalera psicológica (Fig. 12) que le llevaba paso a paso a una culminación lógica.

Fig. 12: "¿Cuál es tu elección?"

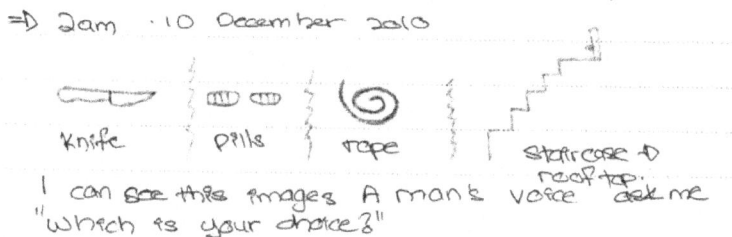

Viernes, 10 de diciembre
⇨ *12:06 am*

Vacío, Enojo, Odio, Frustración, Dolor e Impotencia. He perdido totalmente el control de mis emociones ... Mi corazón se siente como si me estuvieran metiendo en una caja muy chica y me atan. No puedo respirar ... ¡Puedo escuchar a alguien diciéndome que no merezco estar viva! Una voz masculina ...
 Mientras dibujo escucho una voz femenina "¿Amor y Odio?" y una voz femenina bastante gentil "¿Esperando ser liberada?" Entra de nuevo una voz masculina. "¡A él no le importas, olvídalo! ¡Lleno de promesas vacías! Vete a acostar. Mañana habrás olvidado todo." ¡Dime quién es él! ¡Háblame! ¿Por qué?

⇨ *4:28 am*

Siento que comienzo a odiarme a mí misma, no puedo recordar nada ... ¿Por qué estoy así? Siento como si estuviera siendo odiada también ... Estoy atrapada. No importa cuánto quiera moverme. No puedo ...

⇨ *7:53 am*

Dormí algunas horas pero la voz no me deja nunca ... Pierdo control de mí misma y de todo. ¿Será hora de rendirme? ¿Terminar el viaje? Tan cansado, tan ruidoso ... muchas voces ... destellos de imágenes ...

Fig. 13: "No merezco estar viva."

Petrina atravesó una experiencia aterradora en la tarde del viernes 10 de diciembre. Estaba escuchando muchas voces y sabía perfectamente que nadie más estaba hablando. Estas voces eran demasiado ruidosas para que las tolerara.

Ella se preguntó a sí misma: ¿Cómo pueden las voces que admiten sentimientos ajenos a mí y me instigan acciones abominables ser parte de mí? Después de eso tomó su medicamento antidepresivo y se fue a dormir.

En nuestra cultura se consideran las voces como representación de enfermedad mental o de algo a ser temido. El miedo está invariablemente vinculado con la imprevisibilidad y el sentimiento de estar fuera de control. Las voces son generalmente consideradas como un síntoma de la psicosis que necesita ser controlado y disipado con medicamentos.

Aquí estaba yo, intentando entender mejor sus alucinaciones auditivas mejor. Al hacer la suposición de que sus voces eran una forma de habla privada, había tomado una perspectiva diferente. Esto le permitía proporcionar un relato detallado de las propiedades de las voces a ella misma y estar en mejores condiciones para manejar su propio temor. Era igualmente importante mi recordatorio a ella sobre el beneficio del uso discreto y oportuno de la medicación para controlar los síntomas si surgiera la necesidad.

Fig. 14: "Promesa Vacía"

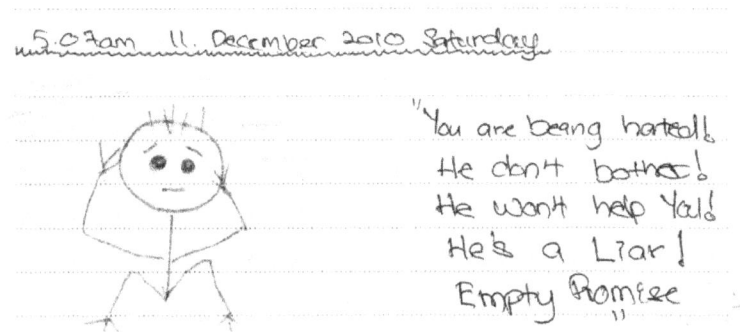

Petrina despertó a las 6:40 pm esa noche y las voces habían dejado de atormentarla temporalmente. Se sintió mejor y estaba más calmada. Sabía que había pasado por mucho estrés últimamente y no tenía interés en hacerse dependiente de la medicación antipsicótica para manejar sus voces.

Sábado, 11 de diciembre
⇨ *6:49 am*
Tomé la medicina de nuevo. Las voces están volviendo ... ¿De quién era esa voz? ¿Qué significa? Ya estoy cansada ...

⇨ *1:57 pm*
En el momento en el que dejo de tomar la medicina vuelve. No tengo opción más que tomar la medicina de nuevo ...

⇨ *10:13 pm*
Me acabo de despertar ... Estoy revisando mi diario, no me di cuenta que he pasado por tanto ... se siente como que estoy llevando una doble vida, como si todo lo que he pasado no fuera yo ... no puedo recordar nada ... sólo puedo recordar pedacitos ... Mi mente es como una pieza de papel en blanco ... Me pregunto cómo me llevo a través de esto ...

Cuando subsecuentemente pude leer las entradas de su diario, la descripción de sus sentimientos y la pérdida de su memoria autobiográfica sonaban como una identidad disociada. Parecía tener un trastorno en las funciones integrativas de la conciencia y percepción del entorno. Todas estas eran señales de el trauma emocional severo y del desarrollo de un conflicto intrapsíquico.

Domingo, *12 de diciembre*
⇨ *10:00 pm*
Quizá olvidar todas las memorias tristes es algo bueno ... Siempre que no lleve a ningún problema de salud. ¡Creo que es momento de realmente enfrentar la realidad y seguir adelante me guste o no! Sólo no quiero ser un lastre para mi familia.

Esa noche interactué con la Enfermera Beatriz por email. Comentó que la historia de Petrina sonaba "como un drama, pero no ha de ser placentero ser parte de él".

Escribió: –A los 25 años su vida está toda estropeada. Si vuelve a trabajar, va a ser afectada por el chismorreo y su condición empeorará de nuevo. Va a ser un largo viaje para ella. – Resonaba con sus comentarios.

Petrina tuvo un fin de semana muy turbulento y su deseo de recordar la memoria de Aaron era abrumador. Para ese entonces había estado tomando antidepresivos tres veces al día y se sentía más bien soñolienta. No obstante, había sido un largo tiempo desde que había tenido un buen sueño y un sentimiento de paz, así que, por el momento, no le importaban los efectos secundarios de la medicina.

Finalmente me pidió un favor. Había llegado a la conclusión innegable de que el conocimiento de la identidad de Aaron era crucial para su proceso de recuperación. Sin embargo, dado no tenía el valor para llamar a Aaron ella misma, me preguntó si lo podía hacer por ella.

Vacilé. ¿Sería apropiado que hiciera yo eso? ¿Sería percibido como si estuviese entrometiéndome en la privacidad de otros? No obstante, buscando el interés de la salud de Petrina, llamé al número de Aaron.

El teléfono sonó dos veces. Aaron contestó repentinamente mi llamada. Yo estaba deleitado. Me presenté como el doctor encargado de la enfermedad de Petrina y le expliqué el propósito de mi llamada. Contestó cortésmente y confirmó que conocía a Petrina en persona. Luego expliqué detalladamente el estado de salud de Petrina y expliqué por qué ella necesitaba su ayuda urgentemente.

Hubo un momento de silencio. Percibí renuencia. Su tono me pareció como si careciera del tipo de preocupación que sería esperado de alguien que ha sido tan cercano a Petrina y que se ha ofrecido previamente a ayudarla a salir de su depresión. No me di por vencido. Transmití el pedido de Petrina por su ayuda y subrayé la importancia de recuperar su memoria. Le pregunté si le importaría llamarle o reunirse conmigo en mi clínica en algún momento conveniente. Él deliberó sobre su respuesta y la última respuesta fue una ambigua.

Eventualmente tuve que contactar a Aaron una segunda ocasión. Petrina tenía una sugerencia. Quería encontrarse con él en mi clínica en su siguiente cita el lunes 13 de diciembre. A ésta petición Aaron se negó. Respondió categóricamente que era incapaz de comprometerse. No dio razones

Me sentía atorado en la situación …

Capítulo Diez

Lucha por Recordar

Cualquiera que sea la lucha, continúa la subida. La cima puede estar sólo a un paso.

– Diane Westlake

Durante el fin de semana, Petrina me envió un inquietante SMS:
 –Hola. Dr. Mack, he estado tomando la medicina antidepresiva porque he estado escuchando demasiadas voces, muy ruidosos … Casi como seguir la voz para cortarme con la navaja.

Sentía empatía por ella, y por un momento me encontraba perdido sobre cómo responder. Después de cierta deliberación, le dije la verdad. Pensé que era importante que ella supiera sobre la renuencia de Aaron para ayudar, y en parte también quería ver si era suficientemente fuerte para enfrentar la realidad de su relación con ese hombre.

–Okey, supongo que Aaron hico algo que me lastimó. Por eso no se atreve a encararme …– contestó con calma. –No importa. Tengo la confianza de que puedo superarlo. – Respondió con un tono que lo daba por hecho.

Me sentí un poco aliviado. Al mismo tiempo, le prometí que exploraría la opción de asistirle para recobrar su memoria directamente a través de la hipnoterapia. Con suerte tendría éxito.

*****

El lunes 13 de diciembre, Petrina vino a mi clínica, de nuevo sola. Esta sería su séptima terapia de regresión. De nuevo lucía lista y preparada para ello.

Para ese entonces ella había experimentado el estado hipnótico muchas veces, y conectarla con su mente subconsciente era una tarea sencilla. Se hundió rápidamente en un trance profundo y decidí usar la metáfora del archivero en mi script de hipnosis. Esta es una metáfora innovada por Roger Allen en su libro *Scripts and Strategies in Hypnotherapy*. La metáfora es la base de una visualización guiada usada para ayudar a los pacientes a tener acceso a sus memorias olvidadas y evaluar su propia represión.

–Recordarás que te he dicho que todas las memorias pasadas en tu vida están almacenadas en tu mente inconsciente como un archivero …– comencé preparándola con una sugestión.

–Y ahora tu mente subconsciente te ayudará a entrar en ese archivero, para descubrir aquellas memorias importantes para tí … especialmente esas memorias que se relacionan con tus problemas de desmayos y para recordar la identidad de Aaron …– puse más sugestiones en su mente.

–Conforme te relajas y vas más profundo, contaré de uno a tres … y conforme llegue a la cuenta de tres verás que estás dirigiéndote afuera para abrir una y entrar en un cuarto donde está colocado el archivero.

Como este era un script de hipnosis, hice uso de su respuesta ideomotora para confirmar que estaba en efecto visualizando la visualización que yo sugería.

–Estás ahora dentro del cuarto y ves una mesa en el centro. Al lado de la mesa hay un archivero alto con cuatro cajones grises y un cajón negro hasta abajo. Los cajones grises contienen todas las memorias del día a día y estarán disponibles para tí cuando las necesites, – continué.

–El cajón negro contiene memorias que tu mente inconsciente ha decidido mantener lejos de tí. Todas las respuestas a los problemas que has estado enfrentando con Aaron están en este cajón negro. Dentro de este cajón negro se encuentran aquellas memorias que son la base de tu miseria. Una vez que se revelen a tu conciencia no te podrán causar más problemas.

Pausé por un momento y resumí. –Mientras el cajón se abre, verás un número de archivos dentro de él. Dime, Petrina, ¿cuántos archivos hay ahí dentro?

–Hay cuatro, – respondió suave pero puntualmente.

–Bien. Ahora, conforme tu mente inconsciente está sacando el primer archivo del cajón y lo pone en la mesa, lo abres y lo observas ... Dime lo que ves.

–Estoy esperando a que mi mamá vuelva. Me siento sola ...– comenzó.

La palabra "sola" inmediatamente me dio a impresión de ser significativa. Conforme continuó describiendo sus sentimientos temerosos de estar sola, escuché con atención. Pensé que podía entender que ella había hecho previamente todo lo que pudo para evitar estar sola. Esto incluía su aferramiento a una relación destructiva. Por lo tanto terminó en su estado actual. Ahora que había desnudado sus emociones, le pedí que fuera al final de la última página del archivo y lo pusiera en la mesa.

–Ahora abre el segundo archivo y dime lo que hay dentro de él.

–Joshua me traicionó. Muchas promesas vacías. Él dice que cuando nos casemos me dará una boda tradicional ... Todas sus cuentas están sin resolver ... Odio ... Solía amarlo mucho ... Hazel ... ella me traicionó. Joshua ... abusó de mí.

Petrina se estaba poniendo emocional. De nuevo, podía entender cuán doloroso podría ser para ella reconocer que alguien a quien había amado y en quien creyó pudiera abusar de ella físicamente. Ella había estado poniendo excusas para su comportamiento y quería darle el beneficio de la duda.

Luego le dije que cerrara el segundo archivo y abriera un tercero.

Petrina describió su experiencia negativa con su supervisora emocionalmente abusiva. Shirlene parecía ser el tipo de persona que tenía una necesidad excesiva de ejercer control sobre otros. –Shirlene ... le rogué por el permiso. Ella dijo que soy yo quien insiste con su pasado infeliz. Estoy muy cansada. Ella me obligó a trabajar. Le rogué por un permiso de ausencia sin paga. Quería ver al doctor. Pero ella dice que no me ayudará. Me siento muy patética. Ella puso todos esos dolores sobre mí. Dice: 'Perderás tu trabajo si continúas así.

–Ahora que has llegado al final de tu tercer archivo, quiero que dejes el archivo en la mesa y abras un cuarto archivo. ¿Qué encuentras dentro? – Había estado esperando ansiosamente escuchar qué memorias escondidas emergerían y si surgiría el nombre de Aaron.

Hubo una pausa. –Veo a Fabian y a Aaron ...– dijo. ¡Bingo! Estaba esperando que detallara más sobre Aaron.

–Escucho voces ...– continuó. –No es bueno para ti. – Pausó de nuevo, luchando, como si estuviera agonizando. De pronto dijo –¡No puedo recordar! – y abrió sus ojos.

Desde que comenzó con la terapia, esta era la sexta vez que Petrina salía de hipnosis a la mención de Aaron.

Estaba totalmente despierta, miró al techo por un momento y se levantó del sofá, se veía deprimida y de algún modo apenada. La sesión no había resultado como lo había esperado. Sin una palabra, se dirigió a su bolso y tomó un boleto de cine. Lo miré y decía las palabras *"Golden Village Cinema"*. El boleto era viejo, con fecha del 5 de julio del 2010.

–Como te dije la última vez, el cinco de julio es una fecha a la cual me siento fuertemente enganchada, y no sé por qué. – Hablaba en una voz de lamento.

La miré con atención y pregunté, –¿Era una película especial?

–Simplemente no puedo recordar qué película vimos, ni con quién fui. – Me miró seriamente.

–¿Fuiste con Aaron?

–No sé. Simplemente no puedo recordar. ¿Crees poder ayudarme?

A través de la ventana de sus ojos percibí cuán desesperada estaba. Estaba enfrentando un problema de represión de memoria. Peor aún, la represión de memoria estaba siendo usada por un paciente como un mecanismo de defensa psicológica contra el dolor emocional. Por un rato me pregunté qué decir. No estaba seguro adónde nos estaba llevando el misterio debajo de su memoria reprimida. Aún así, desde el punto de vista técnico, no debería ser difícil resolver ese problema usando la técnica hipnótica.

Acordamos intentarlo de nuevo.

Petrina volvió al sofá y se volvió a poner en posición. Rápidamente entró en estado de trance y regresé a su conciencia a aquel momento importante del quinto día de julio..

–Ahora estás de vuelta en el 5 de julio del 2010 y te ves a tí misma en el Golden Village Cinema ... Dime, qué está ocurriendo.

–Oh, estoy ahora en el cine, en Tampines Mall. Está oscuro dentro de la sala. La película ya comenzó ... Estoy con un hombre viendo '*Karate Kid.*"

–¿Quién es este hombre con quien estás?

–Es una persona alta, morena ...– dijo lentamente y aún en trance profundo. Luego frunció el ceño. –¡Oh! Le diré quién es ...– exclamó súbitamente. En un momento de verdad dijo abruptamente: –Él es Aaron.

Aunque sonaba emocionada sobre su descubrimiento, este era un hallazgo esperado para mí. Todas las pistas hasta ahora habían estado apuntando a que la identidad de esta persona clave fuera la de Aaron. No obstante, era alentador ver su cara iluminarse, aunque estuviese en trance. Sonaba como un momento de Eureka para ella, y yo me sentí contento.

En este punto algo inusual parecía estar pasando. Petrina estaba aún en trance. De pronto escuché una mezcla de sonidos irreconocibles y había señales de que ella estaba sintiéndose internamente agitada. Comenzó a sonar confundida e incapaz de recordar más. Como nuestro objetivo había sido logrado, pensé que era tiempo de emergerla de su estado de trance.

En mi manera usual de reversar a los pacientes de la hipnosis, comencé contando regresivamente del cinco al uno. Algo sumamente fascinante ocurrió. Al llegar a la cuenta de uno, no emergió. En vez de ello, permaneció profundamente en trance. Esperé un momento pero no mostraba signos de aligerar su estado de trance. Estaba por intentar emergerla una segunda vez cuando de pronto escuché un par de voces diferentes viniendo de su garganta. Sonaba como si alguien estuviera intentando comenzar una conversación dentro de ella.

En el momento siguiente, me di cuenta que las "partes" dentro de ella estaban hablando. Eran las mismas partes que había previamente llamado durante la sesión de terapia el 2 de diciembre. Estas partes ahora habían emergido espontáneamente desde las profundidades de su psique interior. Además, ¡estaban tomando el rol de distintas personas y comenzaron un diálogo por sí mismas!

Era impresionante.

Las mismas dos partes, PERDIDA y FELIZ, cuyos respectivos roles buscaban prevenir la recuperación de la memoria de Petrina y hacerla feliz, habían aparecido. Estaban activamente hablando y discutiendo en un segundo plano.

Este era un acontecimiento inesperado y tuve que pensar rápidamente. Abandoné mi intento original de sacarla del trance y en vez de ello decidí fluir con su terapia de partes auto-inducida.

Dr. Mack: –¿Con quién estoy hablando?
PERDIDA: –Soy Perdida."
Dr. Mack: –¿Por qué apareciste de repente?
PERDIDA: –No dejaré que Petrina lo recuerde..–
[refiriéndose a Aaron]

Dr. Mack: —¿Por qué no?
PERDIDA: —No es bueno para ella.
Dr. Mack: —¿Qué piensas, Feliz? ¿Petrina debería recordar la identidad de Aaron?
FELIZ: [Evitando el asunto] —Aaron es un hombre amable. Está atorado entre la familia y Petrina.
Dr. Mack: —¿Es mejor entonces que Petrina se olvide de él?
FELIZ: —Por el momento, sí.
Dr. Mack: —Pero ella no será feliz hasta que recupere su memoria de él.
PERDIDA: —Petrina debería confrontar a Aaron, pero no ahora.
FELIZ: —Estoy de acuerdo con Perdida en que Petrina debería confrontar a Aaron, pero sólo cuando venga el momento adecuado.
Dr. Mack: —¿Cuánto tiempo debería esperar Petrina para hacerlo?
FELIZ: —No sé. Aaron le hace daño a Petrina y no sabe que la ha lastimado. A Petrina esto no le gusta y amenaza con suicidarse.
PERDIDA: —Aaron dispara toda la pérdida de memoria de Petrina. No deberían hablarse. Él tiene que hacerse responsable. Él sabe por lo que ella ha pasado y la lastimó. Ella tendrá que confrontar a Aaron algún día, pero sólo cuando llegue el momento correcto.
Dr. Mack: —¿Petrina, estas de acuerdo con esto?
Petrina: [empáticamente] "La *llave* está con Aaron. Es la *llave* al corazón de Petrina."
Dr. Mack: —Feliz, ¿cómo crees que puedes ayudar a Petrina a recordar a Aaron?
FELIZ: —Perdida lo está bloqueando.

PERDIDA: –Petrina olvidará a Aaron. El trauma por Joshua es demasiado grande. No puede tomar otro. Aaron es la persona *clave* del por qué ella no puede recordar cosas.
Dr. Mack: –¿Cuál exactamente es la relación de Aaron con Petrina?
PERDIDA: –No te diré. Son todas promesas vacías.
Dr. Mack: –Al decir promesas vacías, ¿a quién te refieres, a Joshua o Aaron?
PERDIDA: –A ambos.
Dr. Mack: –¿Aaron ama a Petrina en absoluto?
PERDIDA: –No lo sé.
Dr. Mack: –¿Cómo se le puede ayudar entonces a Petrina?
PERDIDA: –Bien ... confrontando a Aaron. Haciéndole saber que la hizo sufrir ... pero ahora no es el momento correcto.
Dr. Mack: –¿Hay alguna manera mejor?
PERDIDA: –Ha perdido su memoria. Ella ama a Aaron. Sólo recordará a Joshua y a Shirlene ahora, porque bloqueé su memoria de Aaron.
Dr. Mack: –Feliz, ¿qué sugieres tú?
FELIZ: –Petrina no quiere olvidar.
Petrina: –Olvidar no ayudará porque la *clave* está con Aaron.
FELIZ: –Estoy de acuerdo con Perdida en que Petrina debe confrontar a Aaron en algún momento.
Dr. Mack: –Petrina, ¿estás de acuerdo con esto?
Petrina: –Okey. Estoy de acuerdo con todos en dejar a Aaron de lado por el momento y confrontarlo cuando llegue el momento adecuado.

El resultado de esta discusión con las partes no parecía aportar mucho en términos de encontrar una solución o proporcionar nuevas perspectivas. Interesantemente noté la referencia repetitiva a la *llave* que está con Aaron. No podía entender la importancia simbólica en este punto. Permaneció como un rompecabezas el por qué la psique interior de Petrina se estaba resistiendo a recordar la identidad de Aaron. El consenso de las partes era confrontar a Aaron sólo cuando el momento fuera "adecuado" sin ninguna indicación de cuándo podría ser esto. Sentí que me quedaba sin comprender.

    Tomé un descanso mientras Petrina fue al tocador. Necesitaba tiempo para pensar bien en un nuevo enfoque para romper el bloqueo.

    Mientras la esperaba, el enfoque terapéutico tomado por la famosa hipnoterapeuta, la Dra. Edith Fiore, me vino a la mente. Ella había ayudado a sus pacientes con todo tipo de problemas clínicos con sus métodos. Siempre exploraba la primera causa en la vida presente del paciente y cuando no podía encontrar una, buscaría en las vidas pasadas de los pacientes. Frecuentemente, la raíz de estos problemas era una historia de vidas pasadas que era responsable de los síntomas del paciente en la vida presente.

    La teoría detrás de este enfoque es kármica y está basada en el principio de causa y efecto. Cualquier causa que no haya producido aún su efecto está esperando a completarse. Esto crea un desbalance de energía en el proceso y el balanceo de la energía podría no ocurrir durante el lapso de una sola vida. Si el desbalance de la energía necesita corregirse en otra vida, los individuos necesitan perspectiva y conocimiento de sus almas y reencarnación para entender el significado de los eventos de su vida actual y los efectos de sus propias respuestas para ellos mismos.

    Petrina regresó del tocador. Recordando que ella era de fe Budista, y no tenía un conflicto religioso con el concepto de la reencarnación, sugerí la opción de una terapia de vidas pasadas. Accedió inmediatamente.

    Dado que esta era su primera regresión a vidas pasadas, elegí una inducción hipnótica. Una vez en estado de trance, Petrina regresó a una vida pasada en China, y rápidamente emergió una historia ambientada en la escena de la Dinastía Qing.

Petrina era una concubina imperial en su vida pasada y era la concubina favorita del Emperador, a quien ella describió como "alto y moreno". Había políticas del palacio y ella estaba teniendo conflictos serios con la Emperatriz. Luego comenzó a fluir la historia de la vida pasada.

–Me estoy casando. Me estoy casando con el Emperador, – susurró.

–Dime más, – sugerí.

–Alguien me ató. Estoy dentro de un pozo. El Emperador me salva. Me lleva a su habitación. Me da medicina. La medicina es amarga. Me estoy durmiendo ...– La historia estaba ganando suspenso.

La escena de la vida pasada progresó. –Empiezo a gustarle al Emperador ... maté a la Emperatriz y me convierto yo en Emperatriz. Después de esto tengo pesadillas todas las noches. Sueño que mato a la Emperatriz. Al final me suicido.

Aparentemente, conforme iba la historia, la Emperatriz era una persona perversa. Había estado maltratando a la gente y torturaba a todas las otras concubinas imperiales. El Emperador no la quería y Petrina, como su concubina favorita, sentía intensamente que estaba moralmente en lo correcto si se deshacía de ella. Claro, había un precio a pagar. En su funeral, el Emperador y muchas personas estaban llorando.

Luego decidí obtener información más detallada sobre su plan de asesinato de la Emperatriz.

–Vuelve al punto en el que mataste a la Emperatriz.

–Le di la instrucción al Chef de que envenenara a la Emperatriz. Es una dosis mortal, dada diariamente por un mes en la comida. Ella murió después de un mes. No tiene idea que yo la maté.

–¿Qué pasó después de que murió?

–Tengo pesadillas. Veo a la Emperatriz muriendo con sus ojos abiertos. – Me recorrieron escalofríos por los hombros.

–¿Qué emociones sientes en este momento?

–Miedo.

–¿Qué pensamiento viene con tu emoción de tener miedo?

–Mis manos están llenas de sangre … pero vale la pena. Al matarla, he salvado a muchas personas.

–¿Qué pasó después de eso?

–Continué teniendo pesadillas por siete años. Tengo miedo, pero he hecho lo correcto. – No parecía haber un sentido de remordimiento.

–Ve al punto en el que te suicidaste.

–Estoy enferma. Tengo problemas del corazón. Me colgué. No quiero que el Emperador me vea sufriendo.

–¿Cómo te sentiste en este punto?

–Sofocada, – dijo ella. La palabra parecía haber tocado una fibra. Sonaba muy familiar.

–¿Qué pensamientos vienen con la sensación de sofocación?

–Dan mucho miedo … Pronto se acabará …– Petrina salió de la hipnosis con un gesto extraño en su rostro. Yo estaba un poco confundido y algo decepcionado.

Mi pensamiento inicial fue que la historia de la vida pasada parecía tener poca relevancia para su problema en cuestión. Lo que me llamó la atención fue la sensación de sofocación que ella describió justo antes de emerger. La sensación de estar "sofocándose" era algo que repetidamente había estado experimentando en su enfermedad reciente, durante sus sesiones de terapia anteriores. También lo había expresado explícitamente en lo que escribió en su diario y en sus vívidos dibujos a mano. Lo que le asustó tanto en la última parte de la regresión era algo de lo que no podía estar seguro.

Era una lástima que no tuve la oportunidad de explorar su escena de muerte con mayor detalle. Como regla en la terapia de vidas pasadas, el momento de la muerte es el punto en el que la mayor parte de la sanación ocurre. Lo que ella describió sonaba como una muerte triste y traumática, y el dolor sentido por su alma que moría podría ser por su amante, el Emperador, a quien había dejado atrás. Esperaría que todos sus pensamientos y emociones sin resolver alrededor del momento de la muerte se incorporaran y formaran una huella altamente cargada en su memoria del alma, la esencia de la cual había sido transferida a la vida actual.

Era de notarse que Petrina estaba inusualmente callada después de la regresión a vidas pasadas. Eso me hizo sentir incómodo. Después de la sesión, no comentó para nada sobre su propia historia de la vida pasada; en vez de eso se notaba un tanto perpleja. Por un momento, supuse que se sentía como yo me sentía, algo decepcionado de que la historia no añadiera valor para recordar la identidad de Aaron.

Reflexioné sobre la situación y después de unos minutos pensé que haría algo diferente para disipar su ansiedad.

Una semana antes, otro de mis pacientes de hipnoterapia acababa de regresar de un viaje misionero de Tailandia. Camino a casa pasó por una tienda de música en Bangkok y se encontró con un set de CDs de música llamado "Meditation – Green Music". Identificando las melodías como algo que yo amaría, los compró y me los dio como un regalo temprano de Navidad. Había guardado los discos en mi oficina desde entonces.

Los CDs habían sido producidos por Chamras Saewataporn y había disfrutado de escuchar la serie entera en el mismo día que la recibí. Cada disco contenía una pieza musical llena de sentimiento de una hora que guía al oyente a una sensación interior de serenidad. De los tres, tomé el que se titulaba: "A Journey to Inner Peace" (*Un Viaje a la Paz Interior*"). Llevaba un eslogan inspirador: *El caminar es interminable. El camino es agotador. Aún así, el destino es realmente gratificante.* El mensaje resonaba muy cercanamente con mis propias emociones.

Siempre había sentido que la música tiene el poder único de llevarnos a una consciencia de nuestros sentimientos de una manera irrestricta. Particularmente la música de meditación había servido como un estímulo para asistirme en mi propio descenso a mi mente inconsciente. Pedí a mi secretaria que quemara una copia y se la di a Petrina. Le aseguré que definitivamente lo hallaría útil.

*****

Me fui a casa esa noche sintiéndome mentalmente cansado. Mis ánimos estaban más bajos de lo usual. El resultado de mis esfuerzos de terapia no habían estado a la altura de mis expectativas y aún había sido incapaz de descubrir el misterio detrás de la enfermedad de Petrina. Había fracasado en entender por qué no se había estado recuperando de la manera que debería después de todo el esfuerzo que había puesto.

Quizá todo en la vida pasa por una razón específica, me dije a mi mismo. Desplacé mi mente del trabajo y tomé una pequeña caminata en el jardín junto a la piscina. La brisa de la noche era calmante y gentilmente disipaba mi carga emocional. La esencia de las flores y de los arbustos del jardín era vivificante y de pronto me sentí conectado con la naturaleza de nuevo.

Alrededor de las 6:30 pm, mientras mi esposa estaba preparando la cena, me relajé en el sofá de mi casa, abrí mi laptop e inicié sesión en Facebook. Mientras miraba los nuevos posteos en mi página de Facebook, alguien atrajo mi atención de repente. La foto de perfil de un rostro familiar aparecía en la columna de "Amigos en chat". ¡Era Eileen!

Eileen era otro paciente inusual mío, a quien no había visto en algún tiempo y de pronto me vino una idea a la mente. Decidí hacer buen uso de la función de chat de Facebook.

Di un click en la foto de perfil de Eileen y apareció una ventana de chat en la esquina inferior derecha de la pantalla de la computadora. "¡Buenas noches!" escribí.

–Hola, Dr. Mack. ¿Cómo van las cosas con usted? – Su respuesta fue inmediata. Eileen era una señora euroasiática y había sido paciente mío por muchos años. Había desarrollado una hernia incisional después de una cesárea. Hacía algunos años estaba sufriendo de un dolor recurrente de la hernia y me la refirió su ginecólogo. Después de un poco de dilación, la operé y tuvo una recuperación sin incidentes. Con el paso del tiempo, mientras la conocía mejor, me confió que tenía habilidades de clarividente desde joven. Después de crecer, avanzó en su desarrollo psíquico. Cuando era niña sus padres consideraban que traía mala suerte a la familia por sus visiones sobrenaturales. Tuvo una crianza católica y amaba hablar con sus ángeles. Conforme creció conoció a un párroco un día y le enseñó como dar buen uso a sus dones psíquicos naturales. Desde entonces había hecho paz con su habilidad extrasensorial y había estado ayudando a otros a través de su consciencia psíquica. Sin embargo había permanecido humilde, amistosa y amorosa, y seguimos en contacto desde entonces.

–Hola, Eileen. Creo que necesito de tu consejo con respecto al problema de una paciente mía,– escribí cautelosamente.

–Oh, he estado esperando tu llamada en los últimos días. Finalmente me contactaste hoy...

¡Era una respuesta sumamente asombrosa!

Por varios segundos me quedé estupefacto. ¿Cómo pudo haber sabido de mi problema? ¿Qué estaba sucediendo? El nivel de adrenalina en mi sangre instantáneamente se disparó. Mi corazón estaba latiendo fuerte. ¡Tomé una respiración profunda y me reí mientras movía mi cabeza con incredulidad! ¿Estaba soñando?

Luego me calmé, recordándome que estaba interactuando con un individuo psíquicamente desarrollado quien tenía habilidades extrasensoriales comprobadas.

–¿¡Te refieres a que habías estado, en efecto, previendo mi llamada?! – Pregunté, controlando mi emoción.

–*Sí,* – contestó con frescura.
–¡Estoy sorprendido!– No pude evitar exclamar.
–Percibí que estabas teniendo un problema y esperaba que me llamaras para pedirme ayuda en cualquier momento. He estado esperando todo este tiempo.
–¡Oh, ya veo!– Mis dedos temblaban un poco mientras torpemente tecleaba en el teclado. Tomé otra respiración profunda antes de empezar a escribir ferozmente.
–Sí, esta paciente mía es una muchacha de 25 años de quien su ex-esposo gravemente abusó. Pasó por tres abortos y desarrolló sentimientos de culpa y depresión. Ha sufrido trauma emocional severo con pérdida selectiva de memoria y ahora está experimentando desmayos repentinos repetidamente. Le he dado varias sesiones de hipnoterapia. Aunque en general ha mejorado, sus desmayos y pérdida de memoria han sido de nuevo disparados por una 'voz' que ella escuchó mientras iba camino a casa en un taxi. Terminó no yendo a casa, sino a algún otro lugar en un parque infantil en Hougang. No podía recordar lo que había ocurrido ni por qué estaba ahí. Peor aún, temporalmente olvidó la dirección de su casa en ese momento y lloró de la desesperación. Al final obtuvo ayuda de un amigo y llegó a casa. Su mamá y ella estaban asustadas. Toda su mejora clínica de la terapia parecía haberse ido por el desagüe.

Tecleé el problema en una sola acción. Luego pausé y continué tecleando de nuevo.

–Volvió hoy para terapia y continué lo haciendo lo que puedo para ayudarle a recuperar su paz interior. No quiero darme por vencido. Sin embargo, estoy empezando a preguntarme si soy la persona indicada y realmente tengo la habilidad para ayudarla a salir de su predicamento. ¿Me podrías ayudar dándome consejo para esta situación?

Esta era la primera vez que había buscado ayuda de esta naturaleza de Eileen, pero nunca dudé en su voluntad de ayudar. Mi experiencia con ella era que no importaba de quien hablara yo, ella era capaz de visualizar la apariencia de la persona y de algún modo sabía a quién me estaba refiriendo. Había compartido conmigo su maravillosa habilidad de rápidamente tener acceso a una imagen mental del individuo en cuestión con sólo un rezo breve seguido por una meditación corta. Las imágenes de los individuos obtenidas de esta manera no eran usualmente de tamaño de cuerpo completo, pero eran suficientemente claras para ser capaz de tomar acción al respecto.

Tomó un ratito antes de que Eileen contestara. De nuevo, su respuesta me impresionó.

–Esta pobre alma está haciendo todo lo posible por salir del agujero más oscuro en el que está. Por favor no te des por vencido con ella. El encanto que usó el esposo es de origen Thai."

¡Estaba sorprendido con la respuesta!

¿Qué había ocurrido? ¿De qué se trataba todo esto del encanto? Nunca había escuchado a Petrina mencionar ningún culto religioso de origen Thai, ni ninguna práctica mágica en la que su marido pudiera estar involucrado. No obstante, conocía a Eileen como una persona cuyas palabras nunca dudé.

–¿Te refieres a que está bajo alguna clase de hechizo? – Reformulé su mensaje cuidadosamente para estar seguro que le había entendido por completo.

–En mi mente veo montones de figurillas Thai en un cuarto oscuro,– escribió.

–¡Oh Dios mío! – Estaba consternado. –Que yo sepa, los encantos Thai son muy difíciles de manejar. No tengo experiencia lidiando con ellos. ¿Cómo debería abordar este problema?

–No te preocupes. Serás capaz de ayudarla. No está todo perdido aún. Ella vino a tí en un momento correcto.

Me estaba sintiendo un poco preocupado por esta nueva revelación. –Yo mismo me siento inadecuado ... y si no persisto, esta pobre muchacha no se recuperará. ¿Cómo voy a manejar esto?

–Mi grupo de oración está alerta y están todos orando ahora. Pobre muchacha … ha pasado por tanto. Debemos intentar y ayudarla,– continuó.

–Estoy agradecido por la oferta de tu ayuda. Dios te bendice, – escribí.

–Que la bendición de Dios esté siempre contigo y serás guiado y protegido. Haremos lo mejor que podamos por esta muchacha con la bendición de Dios.

Cerré sesión en Facebook, sintiéndome un poco confundido y con incertidumbre. Mi mente estaba en un torbellino. Comenté el asunto con mi esposa en la cena. Ella me aseguró que yo sería capaz de superar cualquier obstáculo. De cualquier manera, ella sabía que nunca consideraría en dar vuelta atrás como una opción en este punto.

Me fui a la cama esa noche con una pregunta sin respuesta. ¿Había estado Petrina todo este tiempo bajo un hechizo?

Capítulo Once
Afrontar el Reto

¿Qué sería la vida si no tuviéramos el valor para intentar nada?
– Vincent van Gogh

Sucedió que al mismo tiempo que estaba chateando en Facebook con Eileen, Petrina estaba teniendo un pequeño rato tranquilo y reflexivo para ella misma.

Aunque había estado taciturna y reservada en su expresión después de la terapia de hoy, había, de hecho, sin mi conocimiento, experimentado una mejora clínica substancial. Efectivamente ya en este punto había recuperado una porción importante, sino la mayor parte de su memoria. Por alguna razón, no divulgó eso inmediatamente después de la sesión de terapia. Lo que quedaba por resolver era tan sólo el "misterio" detrás de su relación con Aaron.

Ella estaba en casa escuchando el CD de meditación tranquila y sola esa noche. Había estado usando el arte para obtener serenidad espiritual y ahora estaba tratando de experimentar lo mismo a través de la música. Había una sensación de calma y paz que ella no había sentido antes. Con el impacto de la meditación de concientización, la lucha y discordia que había estado abrumándola en la reciente semana se estaba ahora desprendiendo de ella como capas de una piel de cebolla.

Más tarde esa noche, algo exaltada, escribió en su diario:

Lunes, 13 de Diciembre
⇨ *8:20 pm*

Después de la terapia de hoy he recordado casi toda mi memoria. Es una buena señal ☺. Lo único es Aaron. Tengo miedo de él pero tengo que enfrentarlo. Pude recordar cosas de mis colegas, mis amigos, mi ex-esposo, la mayor parte de lo que había pasado, después de escuchar el disco de meditación que el Dr. Mack quemó para mí ... ¡Supongo que me recuperaré muy pronto ☺!

El estado meditativo duró tres horas y estaba desplazándose a un estado hipnagógico a las 11:00 pm. Desafortunadamente se generaban problemas de nuevo.

Habían comenzado a regresar las voces. Conversaciones audibles la mantenían despierta. Parecía que su parte de culpa estaba hablando. Luego Petrina recordó que estaba bastante segura que escuchó a su propia voz diciendo: –Tu vida es muy miserable, no deberías estar viva.

En un punto Petrina escuchó una voz diciéndole que terminara su vida cortando su muñeca. En un estado transicional entre la vigilia y el sueño siguió las instrucciones de la voz. Tomó una navaja en su mano derecha y lentamente hizo un corte transversal de 3 cm sobre su muñeca izquierda. Pronto, el dolor de la incisión la trajo de vuelta al estado consciente.

De pronto recobró la conciencia. Conmocionada por su insensatez, se preguntó a sí misma: ¿Qué estoy haciendo? Rápidamente, soltando la navaja, examinó su muñeca. Estaba bendecida. La laceración de la piel era superficial y había librado los vasos en la capa más profunda. El sangrado era mínimo y estaba a salvo. Limpió y vendó la herida e intentó volver a dormir.

Era un momento muy difícil. Durante las dos semanas anteriores Petrina había hecho un esfuerzo determinante de mejorarse y había ya caminado un largo trecho. Se volvió a reafirmar que no desperdiciaría sus esfuerzos y permanecería fuerte, y que se recuperaría rápidamente. Esa noche, resolvió tomar la medicación anti-ansiedad de nuevo para calmarse. Se recordó a sí misma que tenía que seguir adelante.

⇨ *11:25 pm*
No puedo seguir así. Tengo que confrontar a Aaron mañana ... No me queda mucho tiempo. Me quiero recuperar ... ¿Qué exactamente pasó entre nosotros? ¿Por qué es que no quiere ayudar? ¡Sólo espero que mañana yo sea capaz de ayudarlo a él ...! ¡Desearía ya superarlo!

La medicación ayudó, y ella logró quedarse dormida después de un rato, pero sólo para ser despertada de nuevo en las tempranas horas de la mañana por más voces. Esta vez las voces sonaban bastante como la de Aaron.

Martes, 14 de diciembre
⇨ *3:09 am*
Escucho una conversación como "Te extraño", y confrontándolo; "ahora es el momento" ... ¿Era mi imaginación? No lo sé ...

En el fondo había una fuerte urgencia de confrontar a Aaron de una vez por todas y ella reconocía que el momento había llegado para que procediera. Se dijo a sí misma: "No, tengo que hacer las cosas inmediatamente. En la mañana tengo que ir a la casa de Aaron o a su oficina en la compañía para confrontarlo."

Fue una terrible lucha quedarse dormida esa noche. Petrina se levantó en la mañana y estaba completamente determinada a ir al fondo del asunto. Sus papás y sus hermanos habían ido a trabajar y ella decidió que manejaría el asunto por sí sola. En caso de que Aaron no estuviera dispuesto a ayudarle a recordar su memoria, estaría psicológicamente preparada para superar la dificultad emocional por sí misma. Se dijo a ella misma que no podía demorar más su recuperación. Era hora de dar el paso decisivo incluso si tenía que confrontar a Aaron sin ayuda ...

⇨ *9:00 am*
Olvidar todas las memorias infelices es algo bueno ... Dando por hecho que no conduce a algún problema de salud. Supongo que es hora de enfrentar verdaderamente la realidad y superar esto me guste o no. Ya no quiero ser un lastre para mi familia.

Eran las 9:00 am de la mañana del 14 de diciembre. Petrina buscó el número de teléfono de Aaron y la dirección de la compañía. El taxi la llevó a un lugar en Hougang. Era un área residencial, para su sorpresa.

De camino allí, siguió preguntándose: "¿Debería o no hacer esto? ¿Es mejor dejar que todas mis memorias infelices permanezcan olvidadas?" Sin embargo, una fuerza interior la impulsaba a seguir. Ella sabía que tenía que sanarse a sí misma y necesitaba moverse rápido.

Cuando llegó, se encontró a una cuadra de los pisos residenciales HDB (*Housing Development Board*) que fueron construidos bajo el esquema de subsidio de vivienda pública del gobierno. El área estaba situada cerca de un cruce entre Hougang Avenue y Upper Serangoon Road. Varias cuadras en el área habían sido recientemente repintadas con colores azul y amarillo. No había señales de casas, tienda o unidades comerciales.

Tomó un elevador al pi y se sorprendió al notar que no había ninguna señalización que indicara la presencia de una oficina de algún negocio. Si acaso, se veía cada pulgada como una unidad residencial. Eventualmente se enteró de que Aaron había duplicado su lugar de residencia como la oficina de la compañía.

Vaciló por unos momentos y no tuvo el valor de pulsar el timbre de la entrada. Después de cierta deliberación, llamó al número de Aaron como se mostraba en su librea de direcciones. Alguien contestó y ella preguntó. –¿Busco a una persona llamada Aaron?

–Sí, él habla, – contestó Aaron, –¿y tú eres …?

–Soy la señorita Teh,– se presentó resignadamente. –Necesito un favor tuyo. Estoy parada justo afuera de la entrada de tu apartamento. ¿Puedo hablar contigo cara a cara?– Prosiguió un silencio, y la línea telefónica se desconectó.

Pasaron treinta segundos. La puerta se abrió. Un hombre joven, alto y moreno apareció. Tenía cejas oscuras y gruesas y cabello corto y liso despeinado y esponjoso, con partido a la derecha de la línea media. Mantenía patillas largas. Sus ojos eran oscuros y algo penetrantes en su mirada.

Frente a ella estaba parado el hombre que había plagado su vida por los últimos tres meses. Él era el que había disparado repetidamente sus crisis emocionales, la había bañado en pesadillas y la había atormentado con alucinaciones auditivas. Ella había sufrido múltiples ataques sincopales gracias a él. Aún así, él permanecía como un extraño para ella en este momento. ¡Petrina era totalmente incapaz de reconocerlo!

Se miraron el uno al otro por un momento. El corazón de ella se hundió y vaciló sobre lo que diría después. Aaron continuó observándola con calma y se comportó como si nunca la hubiera conocido.

Después de unos momentos la atención de Petrina se distrajo por la apariencia física de Aaron, especialmente su tez morena. Ella rompió el hielo y preguntó: –¿Eres de por aquí?

–¿No me veo como alguien de aquí?– respondió secamente, aún sin mostrar signos de invitarla a pasar.

–No. Simplemente no te ves como alguien de por aquí para mí, ¿o lo eres?– preguntó curiosamente. –Pero tu apellido es Yeong, ¿correcto?

–Hmm. – Asintió con la cabeza.

Mientras continuó escudriñándolo visualmente buscando pistas, luchando en su mente, intentando recordar cómo podía estar relacionada o conectada con este "extraño" frente a ella. Su mente se estaba tornando un poco pesada y confusa. Pedazos de memorias luchaban por filtrarse y las piezas del rompecabezas se mezclaban buscando encajar. Experimentó algunos flashbacks inmediatos, pero no era tarea fácil dar sentido a las piezas disponibles de la información escasa en este momento estresante.

Continuó esforzándose por concentrarse mentalmente. La ansiedad iba en aumento. Un miedo a lo desconocido la abrumaba. Luego, sintió un escalofrío recorrer su cuerpo entero. Ella sintió como si estuviera parada en terreno prohibido, o como si hubiera entrado sin derecho a un lugar tras muros sagradas. Su cuerpo comenzó a temblar pero no podía entender por qué. Eran las 9:30 am de una mañana soleada de martes y la temperatura del aire era tibia. Con todo, las finas oscilaciones de los músculos de las extremidades estaban rápidamente incrementándose tanto en frecuencia como en amplitud al punto que eran visibles como fuertes temblores.

–Mi nombre es Petrina…– se presentó con una voz temblorosa. Ya en este punto ella sentía mucha presión interior, especialmente con la tarea complicada de explicar el propósito de su visita. Había demasiada incertidumbre con el "extraño" parado frente a ella, y empeoraba por su temor de no saber qué esperar de este hombre en términos de su reacción y utilidad.

–Sí, Petrina, ¿cómo te puedo ayudar?– Él continuó hablando de manera inexpresiva. A Petrina se le trabó la lengua por un momento.

–Pareciera que tienes mucho frío,– añadió Aaron, pero no mostró signos de hacer un esfuerzo por invitarla a entrar en su casa.

Después de superar su temblor, Petrina reunió suficiente valor para explicar que estaba actualmente sufriendo de pérdida de memoria y creía que él era la persona correcta para ayudarle a recuperarse. Aaron había permanecido serio todo este rato. Implícitamente accedió a ayudarla. No obstante, en vez de invitarla a pasar a su casa, la llevó al sótano abierto para continuar con su conversación.

Comenzó un diálogo muy desafiante. Dado que el contenido a ser suscitado en esta conversación iba a ser crítico para la recuperación de su memoria, Petrina le pidió permiso a Aaron de usar una grabadora de voz. Sin embargo, él se rehusó categóricamente, diciendo que no estaba cómodo con la idea. En vez de eso, le permitió que tomara notas escritas solamente.

Ella sacó su pluma y su diario de su bolso y abrió el cuaderno en la página de su última entrada. Comenzó a elaborar sus preguntas mentalmente, y comenzaba un proceso complejo y doloroso de recuperación de su memoria …

Aaron era graduado politécnico; se graduó en el 2001 en Ingeniería Electrónica y de Comunicaciones. Subsecuentemente estudió su titulación en Psicología en la Universidad de Murdoch y se graduó en 2009. Petrina siempre lo había considerado un "psicólogo" y lo admiraba como tal. Al graduarse, Aaron se unió a una compañía administrativa llamada PEACE Consulting Services que proporcionaba entrenamiento administrativo para el desarrollo organizacional y del capital humano.

Petrina recordó que había conocido a Aaron en el campus del hospital cuando él fue a impartir el curso de introducción para nuevos empleados organizado por el Departamento de Calidad en el Servicio. Esto se llevó a cabo en marzo del 2010. Aunque ella había entrado a trabajar allí en septiembre del 2009, la escasez de personal no le permitió ir a la introducción hasta seis meses después.

Había 18 empleados que asistieron a la introducción. Aunque era la primera vez que se veían, Petrina y Aaron experimentaron un sentimiento inexplicable de estar conectados el uno con el otro. Era un sentimiento de familiaridad como si ya se hubiesen conocido por un largo tiempo. En el curso del entrenamiento, otros participantes habían notado que Aaron había estado mirando frecuentemente en dirección a Petrina por momentos largos e ininterrumpidos. A Petrina le había parecido aburrido el curso. Su mente estaba preocupada con el proceso de su divorcio y no estaba de humor para escuchar la charla sobre la administración. Lo que le pareció notable era el hecho de que seguía experimentando visiones de una llave en su mente subconsciente a través de la sesión mientras Aaron estaba hablando. Era como si ella hubiese visto la llave siendo portada alrededor del cuello de alguien. Además parecía ser la misma llave que había dibujado en su diario dos veces ...

–Aaron se acercó a mí personalmente y me preguntó por cuánto tiempo había estado empleada. Le dijo que alrededor de seis meses. Cuando se comunicaba conmigo tenía destellos de imágenes de la llave, pero nunca me molesté realmente en tomar nota de ello,– recordó Petrina.

Fig. 15: "La Llave está con Aaron."

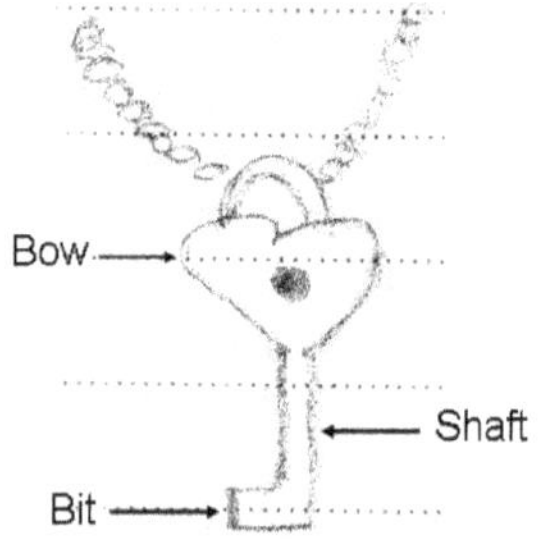

De manera intrigante, desde aquel día del curso de introducción continuó percibiendo destellos de la imagen de la llave de vez en cuando por los cuatro meses siguientes hasta su primera cita con Aaron, en julio del 2010. Había algo muy consistente con la forma, apariencia y hechura de la llave, independientemente de que la imagen apareciera en su visión, en sus dibujos o en sus sueños. Era una llave dorada con un rubí rojo en el centro de un ojo en forma de corazón con un moño corta y una barra plana con un pedazo rectangular. (Fig. 15). También había un anillo semicircular unido al ojo con una cadena de perlas que iba a través del anillo.

La fecha cuando salieron por primera vez fue el 5 de julio del 2010. En ese entonces Aaron era muy dulce con ella. Después de ver una película esa noche, fueron a cenar sashimi a un restaurante japonés. Desde entonces habían estado saliendo cada noche de sábado.

Entonces Petrina se comenzaba a preguntar si debería o no debería permitir que su relación progresara y se desarrollara más. Apenas comenzaba con los procedimientos del divorcio dos meses antes y apenas superaba el trauma de su esposo abusivo. Intuitivamente, ella sentía que un compromiso apresurado a una nueva relación tan pronto después de haber terminado de una abusiva no era una movida sabia. Por otro lado, ella necesitaba compañía. Su círculo original de amigos que eran cercanos a Hazel y Joshua la habían dejado y se sentía sola.

Aaron parecía tener buenas habilidades de escucha y mostraba empatía. Aún así Petrina inicialmente rechazó repetidamente la idea de entrar en una nueva relación. Luego Aaron se lo dijo en un tono diferente: "Depende de ti si quieres dejarlo ir y seguir adelante. Yo tiendo mi mano hacia ti y es tu elección si quieres tomarla o no. Mi familia tiene una mentalidad muy abierta. A ellos no les importa nuestra relación."

Aaron tenía mucha confianza en que su relación eventualmente funcionaría. Una de las razones que citaba era que su propia madre era divorciada y podía apreciar los sentimientos detrás de alguien que había tenido un matrimonio fracasado. Las probabilidades de que su madre objetara en torno a que él estableciera una relación con una mujer divorciada eran por lo tanto muy bajas.

Petrina se sintió muy tentada a aceptar su oferta pero continuó titubeante por un tiempo. Apenas había superado la pesadilla de enfrentarse a un esposo abusivo y el miedo de otro fracaso era prohibitivo. Por otro lado, ella tenía la esperanza de que su proceso de sanación fuera acelerado si pudiera encontrar un ancla mental en otra persona de confianza.

Hasta este punto de su vida, ella sabía que no había tenido una oportunidad de descubrirse a sí misma. Había estado intentando ser lo que otros habían esperado que fuera. Ella había aceptado lo que otros le habían dicho sobre quién ella era y cuáles eran sus motivaciones en la vida. Ahora necesitaba un cambio. Necesitaba la oportunidad de descubrir su propia naturaleza y comenzar la vida de nuevo. En este punto se sintió atraída a la tentación de ser apoyada por, un compañero masculino para hacer de la siguiente parte de su vida un éxito.

Eventualmente, el 11 de agosto Petrina y Aaron decidieron tener una relación formal. Esta era una fecha que Petrina llevaba cerca de su corazón. Su relación se intensificó poco tiempo después, al punto en el que él le enviaba mensajes SMS cada hora. A pesar del hecho de que ella puso mucho esfuerzo en la relación, estaba consciente de que apenas había tenido dos meses de contacto con él y podía no conocerlo profundamente. Para el momento en el que ella se comprometió emocionalmente, encontraba cada vez más difícil ser objetiva en la evaluación de su personalidad y de su propia situación.

–He pasado por mucho en mi matrimonio anterior, y realmente no quiero pasar por lo mismo de nuevo en nuestra relación,– le dijo una vez a Aaron, sintiéndose un tanto insegura.

–Serías la última persona a la que lastimaría…– fue la afirmación tranquilizadora de Aaron.

Desafortunadamente las cosas no resultaron ser como Aaron prometió. Repetidamente no se presentó para sus citas con ella. Después de eso, dejó de contestar sus llamadas telefónicas y permaneció ilocalizable por días. Cuando se le confrontaba, daba la misma excusa de que había estado ocupado. Eventualmente se le dijo a ella que los padres de Aaron se oponían a su relación al punto en el que un día él decidió unilateralmente terminarla.

–No tengo opción. Mis padres se oponen fuertemente a que establezca una relación con una divorciada. Dejemos de vernos de ahora en adelante. – Hizo su postura muy firme.

Petrina reaccionó muy mal a esta decisión abrupta y unilateral. En un tiempo en el que ella estaba en extrema necesidad de apoyo emocional no podía aceptar su repentino cambio de opinión. Ella había tomado su promesa inicial de cariño muy seriamente y la sostuvo profundamente en su corazón. De hecho ella lo había considerado como un voto que era demasiado serio para romperlo. Esta repentina retirada del amor no era ni sostenible ni concebible desde su perspectiva

Al final, la conmoción de ese bombazo fue demasiado para ella. Ese segundo trauma emocional fue peor, peor por lo que Joshua había previamente infligido en ella. Ella se entristeció, se deprimió y se sintió emocionalmente destrozada. Afrontar un segundo trauma relacionado a una relación se hizo rápidamente problemático.

Desde el momento en el que se separaron, el verdadero ser de Petrina se escondió. Ella se enajenó de sus experiencias actuales y pasadas. Desafortunadamente hubo una censura traumática de su memoria de ciertos aspectos de la experiencia de su relación con Aaron, de manera que algunas partes fueron olvidadas mientras otras fueron sustituidas por un a versión idealizada de la realidad.

La vida era dura y sus opciones eran limitadas. Ella necesitaba sobrevivir esa experiencia de vida insoportable pero se encontraba incapaz de manejarla. Sintiéndose herida y confundida, se caía rápidamente en pedazos conforme la tensión se acumulaba dentro de ella.

El impacto de su olvido traumático estaba creciendo mientras el vacío y la tristeza estaba rápidamente apoderándose de su vida. No tenía gente de confianza con quien hablar sobre sus experiencias. Comenzó a sentirse disociada e insensible. Esto eventualmente se manifestó como desmayos episódicos. Ella comenzó a experimentar síncopes durante la hora de comida en el trabajo. La vida se había convertido en una miseria y oscuridad desde entonces.

La historia antes mencionada se desarrollaba lentamente en el espacio vacío de la memoria de Petrina mientras el diálogo entre ella y Aaron continuaba en el sótano abierto. En el punto en el que Aaron estaba explicando las circunstancias bajo las cuales terminaron, de pronto ella despertó.

Hasta ahora ella había estado tomando notas meticulosamente en su diario para capturar el contenido de su conversación. De pronto una afirmación la golpeó profundamente. En todo caso, ¡la sacó de su estado amnésico!

–No es tu culpa. Tampoco es mi culpa, y el rompimiento no es gran cosa de cualquier forma,– dijo Aaron con ligereza.

Petrina resintió terriblemente la manera en la que Aaron presentó su justificación. Después de todo, él era el que quería la relación en primer lugar. Aunque él estaba supuestamente bajo la presión de sus padres, pudo al menos haber ofrecido verse con ella menos seguido hasta que los procedimientos de su divorcio se hubiesen completado. Ella no veía la prisa para terminar abrupta y completamente. Ni siquiera tuvo la oportunidad de conocer a sus padres.

Con la afirmación de ligereza de Aaron, Petrina de pronto despertó y entendió el origen de su amnesia disociativa. Era la decepción de haber puesto su confianza absoluta en alguien quien ella pensaba la estaba rescatando de las profundidades de la desesperación. Ella había esperado que él fuera la persona definitiva de quien ella pudiera depender como compañero de vida. También era el horror de una experiencia repetida de otra pareja romántica dándole "promesas vacías" y terminando en otra relación fallida.

En este momento de furia ella arrancó la página en la que había estado escribiendo de su diario. Luego la rompió repetidamente en múltiples pedazos y los arrojó a la cara de Aaron.

Después, vino el mareo. Hubo un sonido agudo en sus oídos y empezó a sentirse débil. Esto fue seguido rápidamente por un desmayo. Conforme se hundió en sus pies, se golpeó y se lastimó las espinillas. Recuerda haberse recuperado rápidamente de su desmayo, pero sólo para desmayarse y caer de nuevo después. Lo que era decepcionante y frustrante era el hecho de que Aaron le había permitido caer cada vez sin levantar un dedo para atraparla.

¡Era inimaginable para ella que un hombre a quien ella siempre había apreciado como un amante y consideraba un perfecto caballero en su mente, pudiera estar haciéndole esto en un momento tan vulnerable!

*****

Estaba sentado en mi oficina del hospital esa mañana, ocupado escribiendo mis reportes médicos. Eran las 10:40 am. Mi celular sonó y apareció el número de Aaron en la pantalla. Estaba sorprendido, ya que no sabía lo que había pasado esa mañana en su casa.

–Hola, – contesté curiosamente.

–Dr. Mack, soy Aaron. – Era una voz nerviosa. –Disculpe que tuve que llamarle tan repentinamente, pero pensé que quizá usted podría ayudar.

–¿Qué sucede? – Me estaba intrigando.

–Es Petrina.– Sonaba estresado. –Está en mi casa ahora mismo.

Mi corazón se hundió. No esperaba que Petrina fuera tan atrevida.

–Vino a buscarme esta mañana a mi casa, – continuó Aaron. –He estado hablando con ella y ayudándole a recuperar su memoria, pero ahora se ha derrumbado y está llorando. Temo que no puedo manejarla.

Por el teléfono, pude oír a alguien llorar agitadamente en un torbellino emocional. La voz era reconocible como la de Petrina.

–¿Fue ella sola? – Pregunté, preocupado.

–Sí, desafortunadamente, y no hay nadie que me ayude.
–Hmm …– vacilé. –¿Puedo hablar con ella entonces?
Hubo una pausa con algunas voces amortiguadas en el fondo, y luego volvió la voz de Aaron. –Temo que está demasiado emocional para hablar en este momento."

Estaba pensando rápido.

–Bien … quizá puedes llamar a su madre para que la lleve a casa. Probablemente esté en el trabajo ahora, pero puedes intentar llamarle a su celular. – Después del incidente en el que Petrina fue sorprendida impotente y sola en Hougang Avenue 3, con la pérdida de memoria de la dirección de su propia casa, yo había tomado el número de teléfono como una precaución. Busqué en la base de datos de mi teléfono, recuperé el número y se lo di verbalmente a Aaron.

Me senté en la silla de mi oficina y suspiré. Estaba reflexionando sobre el incidente e intentaba averiguar lo que podría ocurrir después.

Veinte minutos después, Aaron me llamó de nuevo. Sonaba aún más desesperado.

–Dr. Mack, su mamá no ha contestado mis llamadas. Petrina está aún aquí conmigo y no sé que hacer con ella … Oh, espere un momento, creo que quiere hablar con usted.

Había una sensación de alivio en el tono de su voz mientras le pasaba el teléfono a Petrina.

–Dr. Mack, he recordado todo ahora – Petrina dijo en una voz temblorosa y de una manera muy emocional. Luego se echó a llorar conforme pasaba el teléfono de vuelta a Aaron.

–Okey, Aaron, sí que suena muy emocional. – Manteniendo la calma, dije: –¿Por qué no le das un poco de tiempo para restablecerse y después de eso la traes para verme en el hospital? Tiene una cita clínica conmigo de todas formas.

–Errh … ¿Y cómo hago eso?

–No es seguro para ella venir sola, porque puede desmayarse en cualquier momento. ¿Te importa acompañarla a mi clínica?

–Vaya …– Hubo un momento de silencio en el otro extremo. Percibí un poco de vacilación. –Errr … okey, ¿pero a qué parte del hospital la llevo?

Antes de que pudiera responder, Aaron continuó resignadamente. "Tengo otra cita que atender después de esto." Era claro que él estaba tratando de distanciarse del dilema de Petrina.

–Oh, ya veo …– Me sentí decepcionado. –En ese caso puedes sólo acompañarla al descenso peatonal a la entrada del Bloque 3 del hospital. Me haré cargo de ella desde allí.

Suspiré. Lo que no podía entender era cómo Petrina podía enredarse emocionalmente con alguien quien no parecía mostrar ningún nivel razonable de cuidado o amor por ella. Suspiré de nuevo mientras devolvía mi celular a mi bolsillo. En su estado físico actual, pensé que mejor me encontraría con ella en el punto de descenso peatonal a la entrada del hospital. Al menos podría echar un vistazo de cómo se veía el hombre llamado Aaron.

Estimaba que tomarían aproximadamente de 15 a 20 minutos en llegar en taxi. Alrededor de las 11:15 am, dejé mi oficina y comencé a caminar hacia el elevador en el séptimo piso.

Una vez dentro del elevador, Aaron llamó para decir que ya había llegado al departamento de pacientes externos en la Clínica C. Conforme el elevador llegaba al nivel uno, me apuré y caminé rápidamente hacia la clínica. Cuando llegué al nivel del sótano por el elevador, alguien llamó mi nombre. Me volteé y vi a un hombre alto, de tez morena. Medía alrededor de 4 pies 9 pulgadas, portaba una camiseta rojiza-marrón, shorts grises y sandalias. Caminaba hacia mí y con un rostro sombrío.

–Hola, soy Aaron. – Se presentó.

Así que finalmente conocía al hombre que estaba en el núcleo de los males de Petrina. Él era contribuyente de todos sus ataques de pesadilla y miseria. También era el disparador para que ella saliera del trance durante la terapia. Comparativamente, su contribución al trauma de Petrina parecía tener un mayor impacto que la que vino de su esposo, Joshua.

Habló con claridad, despacio y de manera ecuánime. Esto era a pesar de todo el estrés y el drama que había experimentado de Petrina en la última hora y media en su residencia. Estaba impresionado por su compostura. También noté que estaba solo. Instintivamente miré alrededor y Petrina no se encontraba allí.

–Petrina fue al baño. – Vio mis ojos buscando. Luego apuntó en dirección del baño de mujeres que estaba localizado junto al elevador.

–Viniste rápido, – comenté.

–Vinimos en taxi. Nos tomó sólo diez minutos pero se desmayó tres veces de camino aquí.

–¿No tienes prisa por irte? – Pregunté.

–No. – Negó con la cabeza.

–¿Cómo está Petrina ahora? – Pregunté.

Sin responderme, buscó algo en la bolsa de su camiseta. –Por cierto, pensé que debería dale esto a usted, en caso de que las halle útiles.

Su mano izquierda tomó algo de la bolsa de su camiseta y sacó un montón de pedazos de papel rasgado. Había 16 pedazos en total, y reconocí inmediatamente que habían sido arrancadas de una página en el diario de Petrina. Eran de la página que ella había lanzado en la cara de Aaron antes. No obstante, él subsecuentemente recogió los pedazos del piso en caso de que proporcionaran pistas útiles para que pudiera yo asistirle a ella en su recuperación de memoria.

–Gracias,– dije mientras tomaba los pedazos de papel, rápidamente los guardé y quedaron fuera de la vista. Tenía una sensación de inquietud de que Petrina podía aparecerse en cualquier momento y su tendencia a desmayarse podría ser disparada una vez más a la vista de la página de su diario en pedazos.

–Pero, ¿qué es lo que realmente ocurrió más temprano en tu casa?– Pregunté.

–Pues, Petrina tocó a mi puerta esta mañana, pidiéndome ayuda para ayudarle a recuperar su memoria. Hablé con ella extensamente y ... conforme estaba recuperando su memoria se puso muy agitada y se desmayó.

Conforme Aaron estaba hablando, vi, a la distancia, a Petrina saliendo del baño. Una vez saliendo se sintió débil y estaba tratando fuertemente de sostenerse contra el muro. Mi corazón se hundió. Percibí que otro síncope ocurriría pronto. Ciertamente, ella comenzaba a deslizarse hacia abajo contra el muro, cayendo. Corrí hacia ella. Justo cuando la alcanzaba, estaba en la última parte de su caída contra el muro y se hundió en el suelo. Todo esto ocurrió en un par de segundo. Siendo un área pública en un hospital concurrido, esto llamó la atención y causó conmoción.

Pedí ayuda. Los asistentes clínicos se apuraron a buscar una camilla y las enfermeras rápidamente la cubrieron temporalmente con una sábana mientras esperaban a que llegara la camilla. Permanecí con ella con mi dedo índice y medio en su pulso radial. Su respiración era regular y noté que estaba luchando por levantar sus párpados pero estaba demasiado cansada para abrirlos. Esto me dio una indicación de que recuperaría su plena conciencia pronto.

Cuando los asistentes finalmente llegaron con una camilla, las enfermeras la subieron y la colocaron en ella. Luego fue transferida a la privacidad de una de las salas de consulta. Necesitaba descanso y la dejamos en la camilla por un momento. Lo que me disgustó fue que Aaron permaneció a la distancia todo este rato mientras todos los demás trataban de ayudar.

De lo que Petrina me había dicho, Aaron era muy educado y cortés, y siempre se había comportado como un perfecto caballero en público. Durante los dos meses que estuvieron saliendo, ella había notado que siempre que frecuentaban un restaurante de comida rápida como McDonald's, Aaron voluntariamente ayudaba a limpiar las mesas y levantar las charolas de comida que dejaba la gente que se había ido. Era alguien que, si la mesa estaba sucia e incluso no pretendía sentarse allí, aún así voluntariamente retiraba las charolas de comida. Era una persona tal que si alguien se caía en el camino, él sería el primero en ir y ayudar.

Con la cuenta anterior, era inconcebible por lo tanto que Aaron pudiera activamente haberse abstenido de ayudar a su propia ex-novia quien se había desmayado y se había caído delante de sus ojos. Ella nunca habría soñado que él se quedaría inmóvil todo este tiempo, dejándola sola en el piso sin ayudar. Claramente él quería disociarse de la escena de la conmoción.

Quince minutos después, Petrina se estaba restableciendo tranquilamente en el cuarto con una enfermera clínica junto a ella. Hubo una mirada de disgusto en su rostro mientras luchaba por abrir sus ojos y recuperarse de su síncope.

Preguntó en un tono amargo: –¿Qué demonios está haciendo Aaron afuera?

Dado que no se había recuperado totalmente, evité responder. En vez de ello la dejé calmarse y le dije que la dejaría con la enfermera por un momento mientras buscaba a Aaron afuera.

Pronto lo encontré parado tímidamente en una esquina en el área pública de espera. Él no hizo ninguna clase de intento cuando vio que Petrina se desmayaba y se caía. Cuando varios de nosotros estábamos ocupados transfiriéndola a la camilla, él había conscientemente permanecido lejos de la escena de la acción. Al ver su actitud distante de pronto me recordó el simbolismo detrás del sueño vívido de Petrina del 7 de diciembre. En ese sueño él era el hombre que no se había molestado en ayudarle cuando ella estaba desesperadamente intentando salir de un cuarto en el que estaba encerrada. (Fig. 9).

Resumimos nuestra conversación desde donde fue interrumpida. Aaron narró su versión de la historia. Él había conocido a Petrina originalmente el 5 de julio porque una amiga en común le había pedido a Petrina que le pasara a él una caja de chocolates y una tarjeta de agradecimiento. Él vio eso como la excusa de Petrina para hacerse su amiga. Él confirmó que fueron a ver *Karate Kid* en Tampines Mall esa noche. Después de esto fueron a cenar a un restaurante Japonés. Afirmó que a partir de entonces Petrina se enamoró de él. Comenzaron una relación a la cual eventualmente su madre se opuso. Así que decidió terminarla para aliviar la tensión familiar. Él no esperaba que la decisión tendría un impacto tan devastador en ella.

Conforme hablaba, sus senos nasales se estaban humedeciendo y podía escuchar que comenzaba a sorber por la nariz. Por un momento creí que se estaban acumulando sus emociones.

En ese punto mi evaluación de Aaron era que resultaba improbable que pudiera obtener más ayuda de su parte más de lo que ya había hecho por Petrina. Tampoco parecía tener el deseo de esperar a que Petrina despertara para despedirse de ella. Tomé una decisión rápida y hablé con él francamente.

–Okey, Petrina se está recuperando de su desmayo y puede venir en cualquier momento. – Luego le recordé, –Puede no ser una buena idea que estés aquí cuando ella esté despierta. No quiero arriesgarla a que te vea y se moleste. Lo mejor es que te vayas ahora. – Se lo puse en un tono sincero.

–Gracias, Dr. Mack, por lo que ha hecho. Estaremos en contacto.– Había señales de inquietud en su rostro, pero sonaba aliviado de cualquier modo. Desapareció rápidamente de mi vista sin vacilación.

Suspiré una vez más y volví al cuarto de consultas para seguir con Petrina. Ella había vuelto. La enfermera clínica, Faridah, le había asistido a pasarse a una silla. Ella estaba ahora alerta pero visiblemente deprimida. Faridah le trajo un vaso con agua caliente.

Hubo un largo e incómodo silencio en el cuarto. Tomé asiento en la mesa de consultas mientras ella se pasó a la silla del paciente frente a mí. Tomó un sorbo de agua caliente y miró miserablemente el piso frente a ella. Me senté cara a cara con ella y decidí que era mejor permanecer en silencio.

Pasaron los primeros dos minutos ... no dijo nada. Había señales de enojo y frustración en su rostro. A propósito me abstuve de hablar. Pasó otro minuto y aún no hablaba. Los surcos sobre sus cejas gradualmente se destensaban.

Después del cuarto minuto, suspiró. Luego levantó su cabeza y vi la amargura en su expresión facial.

–Ahora recuerdo todo lo que ha pasado, – dijo amargamente. –Me dañó muchísimo.

–Lo sé, – contesté suavemente.

–¿Adónde está él ahora? – preguntó ella.

–Lo despedí mientras te estabas recuperando,– respondí lentamente, observando su expresión. –No quería que lo vieras y te sintieras molesta de nuevo en este punto. De cualquier forma, él dijo que tenía otra cita que atender.

Hubo varios segundos de silencio.

–Una bolsa de mentiras, ese hombre ... todas promesas vacías, – dijo ella con enojo. –No sé por qué me involucré con él. ¡Es tan decepcionante.

–Estás molesta. – Pausé. –Ha sido un tiempo difícil para ti ... pero al menos él no abusó físicamente de ti como lo hizo Joshua.

–Pero eso es peor, ¿no es así?– dijo desafiante, con su cabeza girada a la izquierda, mirándome. Podía sentir el dolor radiando de su mirada penetrante.

Me dolía el corazón. Permanecí en contacto visual con ella pero decidí no decir nada. En un momento como este creí que el silencio sería más útil.

–Imagínese que todo este tiempo he estado enferma por su culpa. No debí haber confiado en él, – dijo lamentándose.

Volvimos al silencio una vez más. Los minutos pasaban. El nivel de energía en el cuarto era alto. En el fondo, me preguntaba adónde nos estaba llevando esta situación incómoda.

Capítulo Doce

El Avance

El perdón es la llave que desbloquea la puerta del resentimiento y las esposas del odio. Es un poder que rompe las cadenas de la amargura y los grilletes del egoísmo.

– William Arthur Ward

Parecía que había pasado mucho tiempo desde que Petrina y yo estábamos frente a frente. En medio de la conmoción y el drama cuando se había desmayado frente a los baños, intuitivamente percibí que Eileen, mi amiga psíquica, me había recordado. Me dijo antes que había estado sufriendo de una infección del tracto respiratorio superior. Mientras consultaba a su doctor de cabecera, me había enviado un maravilloso mensaje SMS.

"Buenos días, estoy en la clínica del doctor. He llamado a mi grupo de oración para orar por tu paciente y para que todos los ángeles oren y te asistan hoy."

El mensaje iluminó mi estado de ánimo. Vino en un momento en el que Petrina estaba luchando por superar su enojo y cuando yo estaba pensando en formas de ayudarle.

Estaba aún sentado en el cuarto de consultas, tranquilamente orando por la recuperación de Petrina. Mientras estaba silenciosamente haciendo mis oraciones, de pronto obtuve una sensación inconfundible de que ella estaba logrando dar la vuelta a todo esto.

La tensión corporal de Petrina se estaba aliviando. Su respiración se había vuelto más regular y los surcos en su frente se habían desvanecido. Se veía más cómoda ahora y su complexión amarga estaba desapareciendo. Su mirada amistosa regresó y parecía estar dejando las cosas ir. Un rápido proceso transformacional estaba sucediendo. Su expresión facial se estaba aligerando y el nivel de energía positiva en el cuarto iba en aumento.

Media hora después, Petrina retomó la compostura. Decididamente dijo: –Realmente no tienen ningún sentido disgustarse con ese hombre. Todo terminó.

–Te entiendo.– Afirmé su decisión y me sentí un poco aliviado.

–Creo que quiero ir a casa ahora, – me sorprendió diciendo de repente.

–¿Tú sola? – Vacilé.

–Sí, – Afirmó firmemente.

Por un momento mis ojos estaban concentrados en su expresión facial y no sabía que decir.

–Tomaré un taxi a mi casa yo sola. Estará bien. – Parecía leer mi mente.

Después de observarla titubeante por un momento me dije a mí mismo que confiara en mis propios instintos. –Bien. Te dejaré volver por tí misma con una condición.

–¿Sí? – Se preguntaba qué es lo que querría.

–¿Prometes llamarme una vez que llegues a casa a salvo? –

Me miró con una sonrisa forzada y asintió con la cabeza.

La acompañé al stand de taxis una vez más. Prevaleció el silencio.

–Cuídate,– dije suavemente. Un taxi desaceleró y estaba frenando en el lote de espera frente a nosotros. Ella se volteó y me dibujó una sonrisa conmovedora. Era una sonrisa que reafirmaba mis sentimientos de confianza en que estaba ya en camino a su recuperación.

Era el medio día mientras miraba al taxi partir. Medité sobre su repentino cambio de ánimo. Era intuitivo para mí que la sanación había comenzado a suceder. Tenía una fuerte premonición de que este momento había marcado un punto de inflexión en su enfermedad.

Alrededor de la 1:00 pm recibí un mensaje SMS de Petrina para decirme que había llegado a casa a salvo. Fue un sentimiento maravilloso. Por primera vez en tres semanas, me sentí realmente relajado. Regresé a mi oficina y esperaba más buenas noticias pronto.

Al llegar a casa, Petrina se sentó y tranquilamente reflexionó sobre la experiencia de la mañana. Había un altar Budista en su casa. Conforme se sentaba frente al altar, reprodujo el CD de meditación que le había dado antes. La música calmante sonaba en sus oídos pero ahora era capaz de escucharla con el corazón en vez de con su mente.

Ella había estado sintiendo mucho dolor psicológico y desbalance cuando los elementos internos dentro de sí estaban desconectados. Sin embargo, ahora su parloteo mental se estaba disipando y estaba lentamente encontrando su camino a la dimensión espiritual. Los fragmentos de su yo interior estaban lentamente fusionándose en enteros sucesivamente más grandes.

Era un estado de tranquilidad pacífica. Mientras estaba meditando, se hizo varias preguntas: ¿Por qué soy tan miserable?¿Por qué me hago tantas preguntas? Ya todo se ha acabado y, ¿por qué no perdonarme a mí misma? Y si me puedo perdonar a mí misma y perdonar a Aaron, mi vida será mucho mejor. ¿Por qué me tengo que comparar con otras personas? ¿No debería contentarme con lo que tengo ahora? Porque eso haría que todo fuera más fácil.

La búsqueda de respuestas a sus propias preguntas era una ayuda tremenda. El silencio dentro de ella era como la flama estable de una vela en el aire quieto. De pronto experimentó una liberación de energía y una sensación de bienestar. Era un sentimiento como si su noche oscura se hubiese transformado en una mañana de brillo. El proceso de la meditación le había permitido obtener una auto-posesión dignificada y hacer posible el perdón.

No tomó mucho tiempo para que el conflicto se desvaneciera y la dispersión mental abriera paso a la unidad. La aceptación de Petrina de su situación le permitió reconocer el enojo y resentimiento que hasta ahora habían prevenido el perdón. Por primera vez percibió una profundidad mayor de significado en su vida.

Su flujo de pensamientos continuó plácidamente. El llevar su atención hacia dentro hizo que sus pensamientos fueran más activos e insistentes. Subsecuentemente Petrina recordó lo que se estaba desarrollando en su mente en ese momento fatídico.

–Quizá indirectamente el Dios que ofrecía en casa me está enviando el mensaje de que es hora para que siga adelante y no me preocupe por cosas innecesarias.

Era un estado de alerta intensa pero relajada desarrollándose dentro de ella. Parecían fluir las ideas en el espacio que había creado. Finalmente había desarrollado un entendimiento de los sentimientos del dolor y la pena alrededor de su necesidad de perdón.

En un punto comenzó a citar ejemplos. –Veo muchos documentales en la televisión. Sucede que vi a esta muchacha de África. Está sufriendo de una enfermedad y aún así lucha por vivir otro día hasta ver a sus hijos crecer. Así que me pregunto, si tiene esa clase de habilidad para hacer eso, ¿por qué aunque estoy tan saludable yo no puedo hacerlo? Debe haber una razón por la cual Dios me hizo de esa manera.

La tarde marcó un punto de inflexión en su vida. Sus memorias estaban regresando inmediatamente. Recordaba las grandes esperanzas que había colocado en Aaron para ayudarle a dar vuelta a una nueva página en su vida mientras estaba pasando por el divorcio. Recordó cómo su decepción de él había arruinado sus emociones y la había enviado en un viaje de miseria. Recordaba las identidades de sus amigos y colegas que habían sido objetos de su amnesia. También recordaba adónde y cómo había perdido su certificado de ausencia médica y las circunstancias que condujeron a que pasara por alto presentar ese documento importante. También podía recordar el comportamiento atroz de su supervisora Shirlene a quien había estado aguantando. Además, podía recordar a todas las personas y eventos que habían disparado sus desmayos en los últimos meses. Pero todo se había terminado ahora.

Había llegado a aceptar quien era ella y no se juzgaba tan duramente por sus deficiencias como antes. Lo más importante era que, al aprender a perdonar, había dado un paso importante hacia su aceptación del ámbito espiritual.

El amor era por lo que ella vivía, y aún así era también lo que la había cegado y por lo que se había torturado.

La habilidad para examinar el significado del amor desde el punto de vista de la esencia humana era una alegría. Había entendido que el amor era objetivo y no distorsionado por un prejuicio individual. Por lo tanto era capaz de identificarse con otras personas sin sentirse abrumada. Podía ahora ver cómo el amor estaba impregnado con comprensión inteligente y cómo podía liberar a aquellos que eran tocados por él.

Alrededor de dos horas después, sonó mi teléfono. Eran las 2:48 pm y era un mensaje memorable de Petrina:

–Gracias por todo lo que ha hecho por mí Dr. Mack … Es un viaje de vida en el que finalmente he entendido lo que significa '*Soltar*'. En vez de odiar y llevar culpa, he aprendido a perdonar … Si Aaron lo contacta por favor hágale saber que estoy agradecida por haberme ayudado a recuperarme … No lo odio ni lo culpo si desea mantener el contacto como amigos. Mi puerta está siempre abierta para él … Odiar a una persona ocupa demasiada energía y no lo vale … Dado que Dios no me llevó, debe haber una razón. Así que estoy agradecida de haber conocido a Aaron. Me trajo mucha miseria pero indirectamente me hizo más fuerte que antes.

Este fue probablemente el mensaje más hermoso y alentador que he recibido de Petrina desde el día que la encontré como paciente. El amor había evocado el valor para dar un paso y su confianza para lanzarse a algo nuevo. Le había ayudado a derretir sus bloqueos y a desatar sus nudos. Finalmente trajo todo a un cierre después de dos semanas de intensa terapia de regresión e hipnosis.

Petrina se había redescubierto. Una misteriosa barrera interior se acababa de aflojar. En ese momento la realización más exquisita entró en su conciencia. Yo resonaba con su afirmación de que odiar a las personas era improductivo. Recordaba que una vez comparé odiar a la gente al acto de quemar tu propia casa para deshacerte de una rata. Era una alegría comunicarse con ella por teléfono. Enfaticé la necesidad de que siguiera adelante en la vida porque la felicidad se retendría sólo si seguía estando atada a su pasado.

Esa noche Petrina reflexionó y escribió en su diario:

Martes, 14 de diciembre
⇨ *7:40 pm*

Fui a la oficina de Aaron para confrontarlo ... Me dijo muchas mentiras hoy. Entiendo por qué no quiere conocer al Dr. Mack. Es sólo un mentiroso como Joshua. Pienso en haber querido suicidarme por él y que perdí a Fabian, mi mejor amigo y no valía la pena ... No importa ... Sin él no me recuperaría tan pronto. Aunque me ha lastimado, sin él no sería más fuerte que antes. No lo puedo culpar del todo. Si no le hubiera dado la oportunidad de comenzar la relación no habría terminado así. Es una etapa en la vida de aprendizaje, así que he elegido perdonarlo y mantenerlo como un amigo ... odiar a una persona es demasiado cansado y no lo vale. Aaron sólo puede mirar atrás y lamentar que no me apreció. Aunque mi amor por él es aún muy fuerte, creo que un día seré capaz de superarlo. El tiempo sanará las heridas.

Mientras tanto Aaron me había pedido tímidamente que lo mantuviera al tanto sobre el progreso clínico de Petrina. Parecía estarse sintiendo mal por haberla dejado sola en el hospital y haberse ido a casa solo. Le informé que estaba bien y ya en camino a su recuperación. También le aseguré que por mi evaluación clínica de su tasa de recuperación, era muy improbable que ella le molestara más.

Se sintió aliviado y me escribió un largo mensaje.

"Realmente espero que esas memorias que recuperó le hagan más un bien que daño. Es deprimente verla en este estado, pero como usted dijo, se mejorará día con día. Gracias por acercarse a ella. Esperemos que la vida continúe mejorando para ella. Ha sido maravilloso, Dr. Mack. Me alegra que ella haya venido a buscarme hoy y haberlo conocido a usted personalmente. Ella me envió dos mensajes después, haciéndome saber que recordaba todo, pero no contesté ya que no deseo complicar más las cosas. Que tenga una Navidad Bendecida."

Conforme leía y meditaba sobre el mensaje de Aaron, me preguntaba si la relación entre ellos se había realmente terminado como según ellos lo había hecho. Había una sensación estimulante de que algo inesperado estaba aún por ocurrir pronto. Sin embargo, no pude descifrarlo.

Al llegar a casa esa noche después del trabajo me sentía físicamente cansado, pero emocionalmente con un ánimo elevado. No había experimentado tal sentimiento de cansancio por un largo tiempo. Conforme me hundía en la comodidad y la suavidad de mi sofá, me conecté al Internet y procedí para actualizar a la enfermera Beatrice, a la hermana Louise y a Eileen sobre lo que había ocurrido hoy. Como era usual, Beatrice se mostró optimista sobre el éxito en la hipnoterapia.

"Muy dramático y cansado," comentó "pero hace valer el tiempo y el esfuerzo si mejora la vida de alguien ... Petrina tiene toda la razón al respecto; estar enojado toma un montón de energía. Estoy feliz por ti y de que esté mejorando ahora."
Beatrice añadió una observación muy alentadora a su mensaje. "Ser un hipnotista efectivo es como ser un cazador efectivo ... La Maestria es tener la técnica correcta para el cliente a quien está uno asistiendo."

El último enunciado de su mensaje de hecho pertenecía a una breve y perspicaz historia que sus compañeros de la IMDHA (International Medical and Dental Hypnotherapy Association) habían compartido con ella. Me envió por correo electrónico la historia. Disfruté mucho leerla y la llamé la "Parábola del Cazador". Era tanto apta como inspiradora.

Parábola del Cazador

Había una vez una tribu ... y en esta tribu estaba el hijo del mejor cazador de la aldea. Él adoraba a su padre y quería ser tal como él. Así que cada día, sacada su arco y practicaba y practicaba y practicaba. Tan precisa era su puntería que ninguno de los otros niños en la aldea siquiera intentaba competir con él porque siempre disparaba directo al blanco y ganaba todas las competencias de tiro.

Finalmente, su padre accedió a llevarlo a una cacería. Él estaba encantado. Se levantó temprano, tomó su arco y flecha y fue a encontrarse con su padre. Cuando vio a su padre, se conmocionó. En su espalda llevaba 3 o 4 arcos diferentes y al menos 100 flechas. El niño estaba confundido. "Padre ... ¿Por qué llevas tantas flechas? ... Eres el mejor cazador de la aldea. Yo traje sólo Un arco y UNA flecha. Seguro que tú tienes mejor puntería que yo. ¿Por qué tienes tantas flechas y arcos?"

El Padre contestó ... "Soy el mejor cazador de la aldea porque tengo tantas flechas diferentes. Cuando está lloviendo ... uso esta flecha ... cuando el aire está seco tengo una flecha especial para ello también. Esta flecha es para tirar a los pájaros de los cielos, y esta es para disparar a los peces en el río. Tengo un arco para un tiro largo, y un arco para un tiro corto. Tengo uno para conejos, uno para venados y uno para osos. Ya que siempre tengo el arco exacto y la flecha exacta para el juego exacto para el que estoy cazando, siempre tengo éxito. Y por ello soy el mejor cazador de la aldea."

La hermana Louise estaba extremadamente feliz por la noticia de la recuperación de Petrina. En muchas maneras estaba orgullosa de haber tomado la iniciativa de intervenir en el manejo de la enfermedad de su paciente y proporcionó el apoyo necesario para hacer posible la terapia.

Eileen, por tu parte, también respondió con palabras igualmente alentadoras:

"Alabado sea Dios y todos sus ángeles por su ayuda". Serás capaz de ayudarle a ser una persona más fuerte con confianza para enfrentar el nuevo mundo. Pero aún te necesita, así que por favor cuida de ella un poco más. Abrazos, hiciste un gran trabajo."

Esas palabras "aún te necesita" capturaron mi atención. Siempre había tomado las palabras y consejo de Eileen seriamente. Leyendo entre líneas el mensaje de Eileen, percibí que el "viaje del héroe" de Petrina no había terminado aún.

*****

De vuelta en casa en la noche, Petrina estaba durmiendo muy profunda y pacíficamente. Era la primera vez en tres años que se había quedado dormida fácilmente y disfrutaba de un sueño ininterrumpido y de calidad. Se sentía como un pájaro que había picoteado su camino fuera de un huevo.

La siguiente mañana se sintió descansada, y era una sensación que no había experimentado en un largo tiempo. Era el día en el que el mundo parecía diferente. Con alivio, vió que toda la desesperación y el vacío que habían sido anteriormente tan dolorosos habían desaparecido durante la noche.

Hubo una brillante neblina dorada en el horizonte conforme miraba hacia fuera de la ventana de su habitación. El aire parecía estar vivo. Tenía un maravilloso sentimiento de que sería un día hermoso. Se sentía fuerte y con confianza de que todos sus problemas psicológicos habían sido tratados. Todo parecía ir a su manera.

Después del desayuno volvió a la cama y pasó la mayor parte del resto del día durmiendo sin ayuda farmacéutica. Físicamente continuó experimentando cansancio. Era como si tuviera mucho que recuperar de su sueño, pero esto no le preocupaba.

Martes, 14 de diciembre
⇨ *10:07 pm*
Ha pasado mucho tiempo desde la última vez que dormí bien. Es maravilloso dormir sin ninguna medicina ... pero despertando con dolor físico porque me he desmayado algunas veces. Supongo que cuando caí Aaron no intentó agarrarme ... Decepcionante ... solía ser muy dulce y protector pero después de lo que pasó ayer, no vale la pena. Especialmente cuando veo la sonrisa en su rostro estando en esa condición. Pues, comprobé que es un hipócrita ...

Mirando atrás a lo que ocurrió ayer, una parte de mí esperaba que al menos fuera lo suficientemente caballeroso para esperar a ver que yo estuviera bien y me enviara a casa ... Parece que no se siente para nada arrepentido de lo que ha hecho. De cualquier modo, creo que algún día cuando vea atrás definitivamente lo lamentará. No es fácil encontrar a alguien que lo ame

genuinamente. En mi caso he dado amor tanto a Joshua como a Aaron; simplemente no aprecian lo que tienen. El momento en el que recordé todo ayer y me di cuenta que Aaron ha estado diciendo mentiras que no tienen ninguna intención de ayudarme a recuperarme, mi amor por el lentamente muere ...
Tengo confianza en que lo superaré pronto. Siempre me he dicho a mi misma que aprecie lo que tengo antes de que sea demasiado tarde. En cuanto a Aaron, supongo que cuando mire atrás y quiera compensar por lo que hizo no estaré ahí. Es como un ciclo. Lo que se siembra se cosecha. He elegido perdonar.

Petrina se sentía como una persona diferente. Como alguien que se había desatado de los problemas de la vida, se sentía tan ligera en el corazón, así como se veía feliz externamente. Aunque no había olvidado sus memorias dolorosas, ahora podía recordarlas con calma y era capaz de re-encuadrar esas experiencias pasadas muy diferentemente. Los últimos tres meses de su vida han sido terribles, pero experimentar el dolor de la manera en que lo hizo había sido sumamente liberador y crucial para su proceso de sanación. Había reemplazado el resentimiento y la amargura con pensamientos y sentimientos positivos. Aunque parte de dolor interior permanecía, la enemistad había sido ahora sustituida con amistad. Su claridad mental le había mostrado el camino a su fuente de paz interior e inspiración.

Había descubierto un principio fundamental. La mente humana es como una mariposa que asume el color del follaje sobre el que se posa. De la misma manera, sus pensamientos actuaban sobre ella de formas profundas y habían recientemente definido su universo. Con esto ella estaba asombrada por la velocidad de su recuperación.

"Aún estoy perpleja por cómo me las arreglé para recuperarme tan rápido. Es como algo que ocurrió durante la noche," recordó.

Desde que me envió el mensaje sobre el perdón ese día, no experimentó más desmayos. También estaba completamente libre de depresión. Los miembros de su familia estaban tan asombrados como ella. La noticia de su recuperación dramática se había esparcido rápidamente en su círculo social y atrajo un torrente de amigos y visitantes a su casa..

*****

Era la tarde del jueves 16 de diciembre, y era el 18avo día de terapia de Petrina. Ella llegó a mi clínica a las 3:30 pm pero en esta ocasión con una complexión alegre y brillante.

Llevaba puesta una falda negra hasta la rodilla. El vestido lucía lustroso y atractivo, con tirantes finos sobre ambos hombros. Estaba sonriendo y radiante de felicidad, con un encanto como de diosa. Portaba un collar delgado alrededor de su cuello. Había recogido su largo pelo cuidadosamente y se aplicó maquillaje para crear un toque de un rubor que le hacía verse jovial y encantadora. Había barrido su rímel hasta que las pestañas eran suntuosas y sus ojos sensuales. Era un contraste marcado con el semblante frágil y la apariencia similar a una máscara cuando la conocí. Brillando en belleza y centelleante con confianza, entró a mi clínica.

Tuvimos una conversación agradable y fructífera. Hablamos de muchos temas relacionados incluyendo las lecciones en la sanación que habíamos experimentado juntos. Su insomnio se había desvanecido durante la noche y había estado durmiendo tranquilamente y en paz. De hecho había dormido continuamente por 13 horas seguidas la noche anterior, y se sentía mucho mejor en su estado mental después de despertar.

Admitió que nunca se había sentido realmente feliz hasta ahora. Podía cómodamente recordar todas las memorias desagradables que había previamente reprimido. Podía acordarse de todos sus traumas emocionales y compartir sus experiencias dolorosas sin titubeos ni temor. Después de compartirlas descartaba esas memorias encogiéndose de hombros y con una sonrisa. Me aseguró sobre su confianza para resumir su trabajo en la Clínica de Oftalmología cuando expirase su permiso de ausencia médica. Además, manejar a su supervisora Shirline dejó de ser un problema.

Luego se acordó de su infancia, de su comportamiento rebelde y cómo sobrevivió dentro de una familia disfuncional. Describió sus sentimientos anteriores de falta de seguridad como resultado de pensar que casándose joven sería capaz de depender de un hombre para darle esa seguridad que necesitaba.

Clarificó mi duda sobre las circunstancias de su tercer embarazo. Sucedió en ese tiempo cuando ya había iniciado los procedimientos del divorcio y se había salido de la casa. Un día volvió para recoger un objeto que olvidó y tropezó con Joshua. En un momento de deseo le había forzado a tener relaciones sexuales.

Luego hablamos de Aaron de nuevo. Se sentía suficientemente segura para abiertamente compartir sus emociones y sus sentimientos interiores. Como persona, Petrina lo había entendido como alguien que "prefería tener una vida más familiar". Después de la ruptura de su relación, él decidió que pasaría más tiempo con su familia. En vez de sólo trabajar como empleado para una compañía de consultoría, la dejó para establecer su propio negocio. Mientras estaba aún haciendo estudios de mercado y planeación, su hermana necesitaba ayuda y se fue a la compañía de su hermana. No mucho tiempo después, la compañía de su hermana tuvo dificultades financieras serias. Después comenzó su propio negocio de limpieza, el cual su padre accedió a financiar.

Jueves, 16th de diciembre
⇨ ***11:15 pm***
Hoy fui a mi cita con el Dr. Mack', sintiéndome relajada y feliz. Finalmente se acabaron las pesadillas ☺.

Siempre he escuchado que la gente dice que estar Feliz o No es tu decisión, y realmente nunca entendí a lo que se refería. Ahora después de tanto trauma y lecciones aprendidas, realmente entendí su significado. La mayor parte del tiempo mucha gente da las cosas por sentadas, pidiendo más, siempre quejándose, comparando por qué otras personas tienen esto y lo otro ... ¿Qué es lo que no puedo tener? Lo que hace que sus vidas sean difíciles para ellos mismos. Solía ser como ellos pero he cambiado. La nueva yo siente que los seres humanos deben aprender a contentarse por lo que tienen. No esperar demasiado, así que incluso cuando no se satisfagan tus expectativas, no te sentirás molesto. Lo chistoso es que la mayoría de las personas no ven o aprecian lo que tienen frente a ellos, pero cuando miran atrás comienzan a lamentarlo ... Así que, ¿para qué hacer la vida tan difícil para ti?

Creo en el karma y en la reencarnación. Si la esperanza de vida humana se promedia alrededor de los 65 años, entonces cuántas rondas necesitamos cursar el proceso de ser un humano de nuevo? Si ese es el caso, ¿por qué no elegir vivir la vida al máximo, ser una persona feliz? Nunca sabrás lo que puede pasar mañana.

Noté que Petrina era particularmente abierta sobre sí misma, su pasado y los cambios que había atravesado. Por lo tanto tomé la oportunidad para explorar los aspectos más personales de su vida.

–Por cierto, ¿Joshua tiene amigos Thai?– Evité divulgar el contenido de mi conversación anterior con Eileen en este punto.

–Sí, muchos, de hecho,– respondió en seguida. En los siguientes minutos emergió una larga historia.

–Solía salir con muchos de sus amigos Thai porque tiene tratos comerciales con ellos, pero nunca me presentó a ninguno. Después de que nos casamos solíamos vivir en una tienda/casa-apartamento extraña en la que él tenía un altar sobre el cual colocaba la estatua de un dios Thai. Rezaba regularmente y muchas cosas curiosas parecían pasar en la casa después de eso. Por ejemplo, sus rezos parecían atraer un montón de ciempiés. No sé por qué. Estos no eran pequeños ciempiés, sino grandes, de cinco o seis pulgadas cada uno ... muy atemorizante. Un año atrás puso una estatua Thai en el coche que conducía, y yo recuerdo que ese era el tiempo en el que nuestra relación comenzó a deteriorarse.

La información era alarmante. Era asombrosamente consistente con lo que Eileen me había comunicado antes. Continué investigando.

–¿Había otras cosas curiosas asociadas con el culto de Joshua?

–Sí ... cosas muy atemorizantes. Hace tres años, una noche, alrededor de las 9:55 pm vi una entidad recostada en nuestra cama, vestida de negro y parecía una mujer Vietnamita, con uñas largas y negras. No puedo recordar cuánto tiempo estuvo ahí, pero nunca volvió. Desde entonces comenzó mi insomnio.

Era un diálogo muy intrigante. Me había estado preguntando: ¿Petrina había estado realmente luchando contra un encanto todo este tiempo?

Capítulo Trece
Asuntos Pendientes

En muertes traumáticas especialmente – muertes repentinas u horribles – no tenemos forma de hacer paz con nuestras vidas o nuestra muerte ... Si morimos incompletos, dejamos esa vida con lo que el Dr. Woolger llama "asuntos pendientes del alma". Pasamos a través del portal de la muerte llevando nuestros asuntos pendientes con nosotros y una urgencia por terminar lo que hemos dejado inconcluso. Estos problemas rogando ser resueltos son lo que se manifiesta como problemas en otra vida. Los asuntos pendientes impulsan las memorias.

– Carol Bowman

Terminamos la sesión a las 5:45 pm. Por primera vez en las últimas tres semanas, se iba en casa en camión en vez de en taxi. Conforme me despedía de ella, de pronto se me ocurrió preguntar algo que previamente no había tenido la oportunidad de preguntarle mientras estaba enferma.

–Por cierto, Petrina, ¿te diste cuenta en todo este tiempo que no soy un psiquiatra?

Sonrió ampliamente. –Sí, mi hermano me pregunto sobre ello el otro día. ¡Se preguntaba por qué rayos un cirujano general realizaba hipnoterapia con su hermana!

Sonreí de vuelta y me quedé parado tranquilamente en la entrada del hospital conforme la veía irse caminando en dirección de la parada de autobuses. Este era uno de los momentos más jubilosos de mi vida.

Conforme se desvanecía lentamente en la distancia, reflexioné sobre las últimas tres semanas de mi experiencia terapéutica con ella. Ella era alguien en cuya vida yo había hecho una diferencia con la terapia de regresión. Era un diálogo interno con ella misma al que yo la llevé a realizar. A través de ello se valió con la verdad que había estado escondida y olvidada dentro de ella. Desde el borde de la desesperación y el suicidio, la había llevado de vuelta a su yo estable, seguro y esperanzado. Ella había elegido revivir su valor y determinación para seguir adelante a una vida con significado. Había aprendido cómo confiar en sí misma en vez de ser influenciada por otros. Parecía haber encontrado una solución a su problema en un nivel más alto que aquel donde el problema residía.

Era un nivel de satisfacción que yo nunca había experimentado en las últimas tres décadas de mi carrera quirúrgica. Con todas las patologías de las enfermedades que había tratado exitosamente con cirugía o con medicación, la sensación de orgullo y de logro nunca había sido tan profunda.

Sus pesadillas estaban todas detrás de ella. Continuó actualizándome cercanamente sobre el progreso de su estatus de salud y de sus emociones día a día.

Fig.16 : "Todas las pesadillas se han terminado ya."

Se sentía contenta, tranquila y se había hecho muy feliz en su vida. Había liberado el resentimiento, el odio y la amargura de no perdonar y los había reemplazado con amor. El insomnio había dejado de ser un problema. Disfrutaba de un sueño profundo y reparador y estaba rápidamente poniéndose al día con lo que se había perdido en los últimos tres años de vida. No obstante, ¡con sus largas y disfrutables horas de dormir estaba comenzando a sufrir de dolores en el cuello!

Petrina estaba ahora comprometida para avanzar a un mundo mejor. A lo largo de los cuatro días siguientes mientras se recuperaba rápidamente, se mantuvo ocupada en casa empacando sus pertenencias. Ahora comenzaba a darse cuenta que tenía muchas cosas en su posesión que ya no necesitaba. Estas incluían nuevos vestidos que había comprado antes pero nunca usó y no pretendía hacerlo. No tenía idea de qué hacer con ellos y se preguntaba si debería deshacerse de ellos.

El 18 de diciembre, mientras empacaba su ropa, encontró un rompecabezas de Mickey y Minnie Mouse en su closet. Era un regalo de navidad que había comprado en agosto, para Aaron. Lo había guardado en su guardarropa y se había olvidado por completo de él desde que se había enfermado. Deliberó sobre lo que debería hacer con el regalo ahora. ¿Debería desecharlo o no?

Después de pensarlo bastante, decidió que le enviaría el regalo a Aaron de todas formas. Dado que la intención original era hacer el presente especialmente para él, sentía que el regalo pertenecía legítimamente a él y a nadie más. Lo que había ocurrido con su relación en el intervalo era un problema separado y no debería impactar en lo genuino de su intención original. Ella estaba psicológicamente preparada, incluso si Aaron decidiera finalmente desechar el regalo eso sería su elección y no le molestaría a ella. Al menos, al darle el regalo, ella tendría la oportunidad de darle el mensaje que quería darle cuando había preparado el presente. Después de todo, si el regalo era para él, no tendría sentido dárselo a alguien más.

Ella escribió una carta explicativa para decirle a Aaron la razón de su decisión para enviarle el regalo en este punto. Al mismo tiempo le agradecía por haberle ayudado a recuperar su memoria, y se disculpó por la inconveniencia, al igual que la ansiedad que había causado en él. Luego, le pidió a su buen amigo Bernard un favor – ¡que le ayudara llevando el regalo a la residencia de Aaron!

–¿Por qué?– Bernard preguntó con asombro.

–Para terminar lo que comencé,– dijo ella en un tono determinante.

Después de todo, ella creía que el perdón significaba que no tenía que cargar el bagaje emocional de su experiencia con él. Siendo un asunto pendiente, era su deber ver que se terminara.

La idea de perdonar a una persona era, en la perspectiva de Petrina, equivalente a soltar su Ser, de modo que pudiera seguir adelante a un mejor futuro. Ella realmente quería superar todo el incidente y hacerle saber a Aaron que había logrado hacerlo sin culparlo. Ella sentía que era particularmente importante para ella agradecerle por ayudarle en su proceso de recuperación, a pesar de la renuencia que exhibió. Ella no quería hacerlo responsable por la experiencia que ella había atravesado y prefería llevar todo el tema a un cierre. Sabía muy bien que era inapropiado de su parte ser vista físicamente con Aaron de nuevo porque esto potencialmente podía infligir trauma en los miembros de su familia. Por lo tanto, se acercó a su buen amigo Bernard buscando ayuda.

–¡Nadie haría tal cosa!– Bernard dijo exasperado. –Él te hizo todas esas cosas horribles y al final aún le envías un regalo! Si yo fuera tú, quemaría todo el regalo o quizás incluso quemaría algunos papeles de incienso por él en vez de eso!– Quemar papeles de incienso es común en las prácticas religiosas tradicionales chinas y se practica para venerar a los muertos. No obstante, la frase también se usa como una figura retórica para expresar desagrado por alguien detestable.

A pesar de sus protestas verbales, Bernard eventualmente accedió a entregar el presente en nombre de Petrina. Aaron no estaba en casa en el momento de la entrega pero el presente eventualmente llegó a él a través de su vecino de al lado. Para la satisfacción de Petrina, él reconoció elegantemente el recibimiento del regalo y le devolvió un mensaje de agradecimiento.

A estas alturas Petrina no había sólo trabajado su dolor, también había logrado solucionar y reconciliar sus conflictos excepcionales. Su personalidad se había despertado al potencial de su alma. Ahora decidió acudir al Poder Superior para liberar los patrones restantes de negatividad y aprender a través de su sabiduría.

El 19 de diciembre, Petrina acompañó a sus padres a rezar en diez templos chinos diferentes en la ciudad. Ese es un día muy cansado en los templos pero se sintió bien al respecto. Esto era porque había pasado momentos preciados con su familia. Era una experiencia maravillosa mientras permitía que la espiritualidad le ayudara a eliminar su dolor residual y la liberara de las garras de la depresión. Al soltar su dolor, podía ahora elegir aceptar el amor incondicional.

Después de un día ocupado, de pronto cayó en cuenta de qué debería hacer con su ropa indeseada en casa. Decidió enviarlas a los necesitados. La simple idea de hacer una donación le animaba. Sentía que ahora podía ayudar a otras personas además de ayudarse a sí misma. Eventualmente entendió que el amor lo sana todo, y el amor es un estado activo. Con el amor ella podía llevar armonía y un interés activo en el bienestar de otros. Era un una forma interior ideal que estaba tratando de manifestarse dentro de ella y se produjo mientras ella estaba volviendo a concebir las nociones de la terapia y el crecimiento personal. La liberación de las emociones reprimidas y el tratamiento de sus desmayos ya no era un fin en sí mismo, sino una serie de pasos en un proceso más largo de hacerse consciente de su propósito de vida emergente y de la eliminación de los obstáculos para ello.

Al día siguiente, ella envió las cosas que no necesitaba a un centro de colecta de regalos del centro comunitario cerca de su hogar. Era un sentimiento maravilloso el que experimentó. (Fig. 17). Después de cuatro días de empacar, su cuarto finalmente estaba limpio. Emocionalmente era el comienzo de su nuevo viaje en la vida.

Fig. 17: "¡El sentimiento es tan maravilloso!"

Petrina había continuado escribiendo su diario y sentía que era un maravilloso hábito el que había desarrollado. Al hacerlo, apartaría un tiempo dedicado a la reflexión, a la autoexpresión y liberación. Al escribir libremente sobre el problema que le preocupaba, se encontraba expresando cosas de las que no había pensado antes.

Era capaz de expresar explícitamente aquello que sentía implícitamente, de este modo clarificándose a ella misma lo que pudo haber sido un pantano de confusión. Escribir un diario siempre había sido su anclaje emocional desde la infancia, y cada vez que escribía algo le recordaba su rango de sentimientos y de sus viejos patrones de comportamiento que quería descartar.

Fue en este tiempo que comenzó a compartir la experiencia de su regresión a vidas pasadas con su segundo hermano. Narró a su hermano la historia de la vida pasada que había visualizado bajo trance. Aunque la historia no mostraba un vínculo obvio al problema de su vida actual, de cualquier forma ella analizó la historia a detalle y buscó la perspectiva de su hermano con respecto a las posibles lecciones de vida que pueden aprenderse de ella.

Estaba consciente de que aunque había pasado por un montón de desafíos en su vida, aún había más que aprender. Con la historia de la vida pasada en perspectiva, su hermano pensó que la parte sobre la culpa de ella parecía seguir un patrón. Su fracaso para superar sus sentimientos de culpa, que le llevó a intentar suicidarse en la vida presente, era de muchas maneras paralelo con lo que ocurrió en su vida pasada. En su vida pasada también tenía dificultad para superar la culpa que resultó del asesinato de la Emperatriz. Del mismo modo también terminó suicidándose en esa vida pasada. Era un diálogo esclarecedor.

–Es lo mismo que se ha estado repitiendo una y otra vez y no escuchas,– comentó su hermano. –Nunca has abierto tus oídos. Como que eres una persona muy necia. Es como tu culpa interior. Sabes que lo que has hecho está parcialmente bien y parcialmente mal, pero no puedes superar tu culpa.

Petrina estaba bien consciente de que Fabian era un adulto, y de que era su elección tomar una decisión que él creía era en parte un acto de responsabilidad del deber y en parte heroísmo. Aún así, la culpa que ella sufrió al perder a su buen amigo mientras ella escapó a la muerte había resultado ser un obstáculo incapacitante. Ella necesitaba superar esta barrera emocional antes de seguir adelante.

En el apogeo de su discusión, ¡de pronto ella cayó en cuenta que el aspecto y la apariencia del Emperador de la vida pasada era muy familiar! Fue un momento de verdad. ¡De pronto se dio cuenta que el Emperador era alguien a quien realmente conocía y era cercano a ella en la vida actual!

Petrina aún sentía mucho remordimiento por Fabian, quien había muerto en su intento conjuntamente planeado de suicidarse. Ese era el tiempo en el que ella sentía que había perdido toda la esperanza en la vida después de un matrimonio fallido seguido poco después por una relación fallida subsecuente. En el impulso del momento cuando Fabian estaba deprimido por la partida de su pareja gay, ella sugirió el plan suicida coordinado. Ahora que ella había sobrevivido y Fabian no, era difícil para ella superar su culpa de contribuir a la muerte de Fabian.

Petrina decidió comunicarme su importante revelación en la siguiente oportunidad. Al día siguiente Petrina me llamó para decirme que tenía mucho interés en reunirse conmigo para proporcionar una actualización sobre su progreso clínico. Yo aprobé su iniciativa. Llegó a la clínica con apariencia relajada y serena. Tuvimos un diálogo sumamente fascinante. Repasamos cronológicamente toda la secuencia de eventos en su enfermedad a detalle, terminando con el encuentro de su relación con Aaron. Luego ella narró cómo se había convencido de hacer paz con su propio predicamento, de soltar y seguir adelante en la vida. Luego ella compartió conmigo cuán feliz se había vuelto desde su avance hacía una semana.

–Recientemente me doy cuenta que realmente nunca había sido feliz antes ... nunca, en mis veinticinco años de vida. Estoy tan contenta como podría posiblemente estar ahora. Han pasado ya demasiadas cosas. Así que aún pienso que mi elección de enfrentarme a las cosas es muy importante. Si lo enfrento, noto mi error y sigo adelante, mi vida es mucho más sencilla ... en vez de ser incapaz de manejar la situación ... lo cual causó el trauma entero y toda esa culpa.

Después, recapituló el trauma emocional que rodeaba esa parte de la relación con Aaron con la que ella no podía hacer paz.

Fig. 18: "Debo seguir adelante con mi vida."

Recordaba cómo cada vez, con la sola mención de Aaron, ya sea conscientemente o en su estado de trance durante la terapia, sus sentimientos de culpa emergían. Cada vez que esto sucedía, la culpa bloqueaba todas sus memorias, disparaba sus desmayos y la sacaba de la hipnosis. Ella aseguraba que eran las promesas vacías de Aaron lo que le había molestado tremendamente. Esto contribuyó a su depresión aún más de lo que lo hizo Joshua.

–Me metí en una situación repetitiva donde Joshua me había dado un montón de promesas vacías y luego Aaron hizo lo mismo de nuevo. ¡Recuerdo que en una ocasión le dije que Aaron me dijo que yo sería la última persona a quien lastimaría!

–¿Lo cual significa que colocaste grandes esperanzas en él en ese punto?

–Si ... y luego con el suicidio de Fabian ... Todo se juntó. Yo no estaba muy estable en ese tiempo y cometí un error que llevó a la muerte de Fabian. Cuando miro atrás, Aaron es un hombre que no vale la pena. Así que, por esa clase de hombre hice una cosa tan estúpida y Fabian murió y yo sobreviví ...– soltó una risa y dejo incompleta su frase.

–Eso es muy asombroso. Estaba pensando en la secuencia de tu historia. Sí, este es un caso definitivamente de trauma físico y emocional, pero la parte a la cual estabas realmente aferrándote y no podías resolver era la parte que involucraba a Aaron. Aquel día en que vi lo molesta que estabas con él cuando los dos vinieron a la clínica, me di cuenta que tu relación con él probablemente era más profunda de lo que pensaba.

–Oh ... ¿recuerda que me llevó a través de mi regresión a vidas pasadas? ¡Ahora quiero hacerle saber que el Emperador al que ví en mi vida pasada era de hecho Aaron!– Ella reía mientras compartía su más reciente descubrimiento.

–¡De verdad!– Exclamé en asombro, apenas creyendo a mis oídos. Contuve la respiración por un momento, y me preguntaba si lo decía en serio.

–¿Cuándo te diste cuenta?

–¡Fue hace unos días cuando estaba teniendo una charla con mi hermano sobre mi vida pasada! ¡Durante la conversación de pronto me di cuenta quien era el Emperador de la vida pasada y por qué tenía poder sobre mí!

Era una revelación terriblemente emocionante. Pasó por mi cuerpo un aumento de adrenalina una vez más. No estaba convencido hasta ahora que el problema de Petrina en efecto se había originado en una vida pasada. Su revelación de pronto encendió mi interés en su vida pasada. Discutimos y postulamos cómo el vínculo kármico entre Aaron y ella había llevado su asunto pendiente de una vida a otra. Al final concluimos que valía la pena explorar su vida pasada con mayor profundidad en otra sesión.

Nuestra sesión interactiva terminó alrededor de las 5:45 pm, momento en el cual Petrina tenía que irse porque había acordado previamente encontrarse con su mamá para cenar después del trabajo. Mientras la observaba irse caminando en la dirección de la estación MRT del tren, de pronto tuve un fuerte sentimiento de que tenía un lazo kármico complejo con Aaron y que era un nudo que ella necesitaba seriamente deshacer, tarde o temprano.

Al día siguiente, Petrina estaba sola en casa, escuchando de nuevo el CD de meditación que le había dado. Surgió una extraña emoción. De alguna manera, no tenía idea de por qué, se sintió como si estuviera "atada" por un extraño sentimiento para el cual no tenía explicación. Sintió como si fuerzas inconscientes estuvieran trabajando para ligarla, y las fuerzas involucraran a Aaron. Luego escribió:

Miércoles, 22 de diciembre
⇨ *10:13 pm*
He olvidado a Aaron y he seguido adelante pero Ummm ... Puedo decir que perdonar no significa olvidar ... Mi decepción está aún ahí. Probablemente es porque una parte de mí siente que aún hay amor por Aaron. Si me preguntas: ¿Por qué? ¡Después de lo que me hizo! ... No puedo explicarlo ... Pero creo que sí puedo superar a Joshua, puedo superarlo a él también, es sólo cuestión de

tiempo. Quizá puse esperanzas demasiado grandes en Aaron, por eso es que hasta hoy el sentimiento sigue ahí ...

En las primeras horas de la siguiente mañana, ¡Petrina se despertó por un sueño muy extraño y perturbador! El mismo Emperador en su vida pasada apareció y le dijo: –Prometiste que viviríamos y envejeceríamos juntos en la siguiente vida, pero rompiste la promesa. Dado que me dejaste sin mi permiso, me compensarás en tu siguiente vida.

Se despertó del sueño en sudor frío. Era un sueño tan vívido. Inconfundiblemente reconoció que el Emperador de la vida pasada era Aaron. Su corazón latía con fuerza. ¿Cómo es que iba a compensarle?

Era un sueño atemorizante porque parecía que su asunto kármico con Aaron seguía sin resolverse. Siendo un sueño de vidas pasadas, probablemente llevaba una explicación adjunta que representaba la tenacidad de su relación con Aaron y la razón para que ella estuviera inmersa en ese extraño sentimiento de estar "atada". Aunque sentía que ya había encontrado paz interior y una nueva libertad en su vida, tenía curiosidad de cómo su destino con Aaron se desarrollaría eventualmente en su vida actual.

También tenía curiosidad si su conexión de la vida pasada con él era real o si era una fantasía psicológica. Si el vínculo kármico existía, ¿entonces cuál sería el resultado eventual de esa conexión? Eran amantes íntimos en su vida pasada y ella lo dejó sin cumplir su promesa. En la vida actual, fueron amantes también, pero él fue quien la dejó por medio de una promesa vacía. ¿Esta era su retribución, o era parte de la riña inconclusa en su relación?

Jueves, 23 de diciembre
⇨ *2:30 am*
Aunque ya perdoné a Aaron, supongo, o, debería decir, me queda claro que no me va a contactar. Así que

simplemente esperaré a ver qué sucederá. La gente siempre dice que el futuro es un misterio. ¡Esperemos y veamos el misterio entonces! Ahora, aunque siento que he encontrado una nueva libertad y mi vida es mucho más pacífica y feliz, hay aún una pequeña parte de mí que no puede encontrar paz interior total. ¿Será por Aaron? No tengo idea ...

En nochebuena, Petrina tomó una siesta en la tarde y experimentó otro sueño atemorizante. Tuvo destellos de imágenes de ella misma en su vida pasada de nuevo. Vívidamente se soñó a sí misma como una Emperatriz Manchuriana vestida con una túnica de la Dinastía Qing que era amarillo brillante con el fénix bordado en ella. Había una calidad semejante a la vida en este sueño que causó una impresión profunda y perdurable. Yo estaba bastante seguro de que era una señal de su mente inconsciente recurriendo a su vida pasada.

Ella recordó vívidamente lo que llevaba puesto no tenía cintura. Llevaba una chaqueta con mangas de herradura sobre el vestido. En su cabeza había una corona de la corte Manchuriana que de forma semi-cónica y cosida con tramas rojas. La corona estaba adornada con patrones de faisanes dorados, gemas y jade. Un listón amarillo de seda embellecido con joyas se podía ver colgando de la parte posterior del cuello. La línea del cuello de su vestido estaba hecha de filamento dorado y decorada con ornamentos de perlas y jade. Había tres conjuntos de collares colgando alrededor de su cuello sobre su pecho. Adicionalmente portaba un par de zapatos manchurianos que requerían que caminara sobre suelas de plataforma alta.

Fig. 19: "¡Alguien que se veía exactamente como yo!"

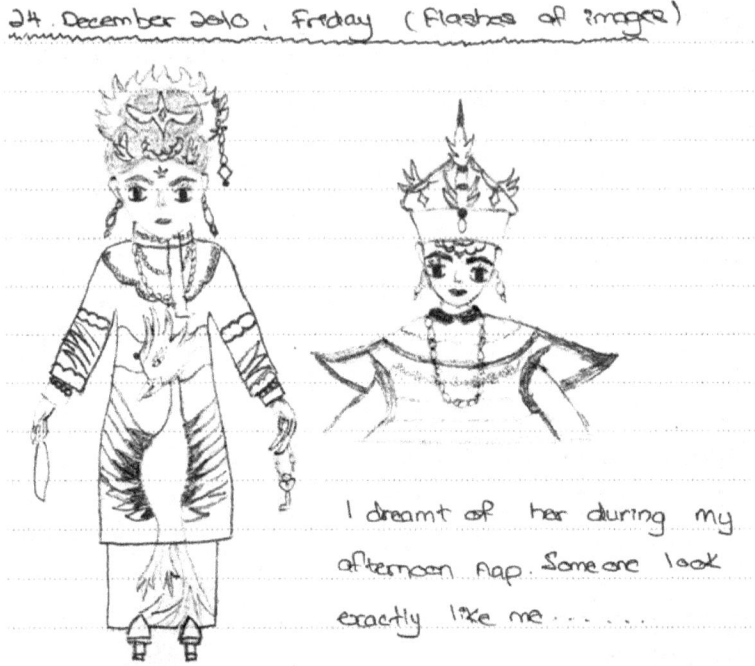

⇨ **Viernes, 24 de diciembre** *(Destellos de imágenes)*
Estoy muy conmocionada al ver realmente a alguien que se ve como yo vestida de esa forma ... ¿Por qué será? ¿Será ella realmente mi vida pasada? Nunca he realmente estudiado historia, así que no tengo idea de a qué dinastía pertenece la vestimenta ... Pero algo que veo en común es la llave en su mano ... Es la que había estado dibujando cuando perdía mi memoria. ¿Cuál es el vínculo?¿Qué significa exactamente? ¿Cuál es la historia detrás de ella? No tengo idea ... las imágenes son tan claras que podía incluso ver que en medio de la figura del corazón hay un rubí rojo (la llave). ¿Existe realmente esta llave?

Al despertarse tenía la sensación incómoda de que el sueño era tan real como su vida actual. Inmediatamente tomó su diario de la mesilla de noche y dibujó la imagen de la vida pasada de ella como la Emperatriz. El nivel de detalle que podía recordar y reproducir era notable. El dibujo representaba un nivel de habilidad artística que nunca había sido capaz de lograr en el pasado y era asombroso para ella.

–No puedo dibujar ... y no entiendo cómo dibujé esto.– Petrina se reía cuando me mostró los dibujos de la Emperatriz (Fig. 19) en su diario. Cuando veía los dibujos por primera vez, estuve de acuerdo con ella en que no era cosa fácil reproducir detalles dan finos de un sueño.

–Cuando se trata del dragón, nunca antes pude terminar el dibujo ... ni una vez,– seguía enfatizando. –Cuando estaba en la secundaria me dieron un proyecto de dibujar este tipo de bosquejos, y nunca pude terminarlo. Ahora me pregunto cómo pude haber dibujado esto.– Escudriñó su propia obra de nuevo con asombro.

Nunca tuve ninguna duda de que estos sueños que Petrina experimentaba eran sueños de vidas pasadas. Tales sueños eran bien conocidos por su viveza. A través de su terapia de regresión, ya había entrado en su camino para incrementar su consciencia espiritual y creía que estos sueños podían ser una manera armoniosa de trabajar su karma.

Hablando de manera general, los sueños kármicos están diseñados para traer asuntos sin sanar de vidas pasadas frente a nuestra conciencia. Por lo tanto yo veía el soñar con las vidas pasadas como algo bueno para ella porque había querido cambiar las circunstancias de su vida presente con entusiasmo. Reflexioné al respecto. Quizá para que eso pasara requeriría sanar los bloqueos de su vida pasada.

Mi entendimiento de la integración de la las vidas pasadas es un proceso de individualización y es algo que va más allá de recordar una vida pasada. Una identificación con la personalidad de una vida pasada tiene un impacto en nuestro desarrollo personal y tiene a oscurecer el plano de nuestra vida actual. Una integración exitosa con la vida pasada de uno debe no sólo enriquecer la vida, sino también abre el corazón en compasión por otros.

En el sueño de Petrina, ella llevaba la misma llave con el ojillo en forma de corazón que había dibujado previamente en varias ocasiones. Las imágenes eran tan claras que ella podía visualizar la llave en su mano izquierda con un rubí rojo en medio de este ojillo en forma de corazón de la llave. El sueño y las imágenes eran tan vívidas que marcaron una memoria en Petrina en los días y semanas que prosiguieron.

*****

Cuatro días después la imagen del Emperador de la vida pasada eran aún finas y claras en la mente de Petrina. Decidió que las reproduciría en su diario (Fig. 20). El Emperador portaba una túnica amarilla con un dragón. Se veía exactamente como Aaron. El frente de la túnica estaba bordado una gran cabeza de dragón. El resto del cuerpo del dragón con sus aletas y escamas estaba torcido alrededor de la túnica. De igual forma, las mangas tenían forma de herradura. Llevaba una corona de la corte con la parte superior redonda ribeteada con un borde hacia arriba. La parte de arriba de las joyas tenía cuatro hileras de perlas con una gran perla oriental incrustada en el nivel superior.

"Mi esposo de la vida pasada, el Emperador, se ve justo como Aaron," Petrina escribió en su diario después de que había hecho algunos dibujos. "Simplemente no puedo seguirme preguntando si estoy pensando demasiado o si alguna parte de mí aún es incapaz de soltar la relación ya erosionada ..."

Lo que no había sido resuelto era el asunto de la *llave*. ¿Realmente existió esta llave en su vida pasada o era sólo un

Fig. 20: "Mi esposo de la vida pasada, el Emperador, se ve justo como Aaron"

mensaje simbólico? De acuerdo con Petrina, ella podía ver vívidamente que la llave era dorada y, aparte del rubí al centro del ojillo, la cadena de la llave estaba hecha de un cordel de perlas. ¿Cuál, si lo había, era el vínculo kármico detrás de todos estos sucesos?

Capítulo Catorce
El Vínculo de la Llave

Cuando alguien tiene una fuerte conexión intuitiva, el Budismo sugiere que es por el karma, alguna conexión pasada.
– Richard Gere

Por primera vez Petrina pasaba la navidad y el año nuevo sola. Se sentía algo raro para ella. Aunque Joshua y ella no eran tan cercanos como cuando se acababan de casar, habían estado pasando los días de navidad juntos antes de terminar. No obstante, este año, el sentimiento de "en casa sola" le recordó a sus sentimientos anteriores de vacío (Fig. 8) e impotencia.

> ⇨ **Sábado,** *25 de diciembre*
> *Este año estoy sola, aún no estoy acostumbrada a ello. Supongo que tomará algún tiempo adaptarme a ello. Después de todo creo que nadie quiere estar solo ... Tener un compañero con quien charlar siempre es algo bueno. Lamentablemente en mi caso quizá el correcto no ha aparecido aún, o nunca existió. Pero, por otro lado, puedo decir que estar sola es algo bueno, ya que no tengo que molestarme en preocuparme que salir con alguien causaría que tu pareja se sintiera molesta. Puedo hacer lo que quiera ... claro esto viene con el sentimiento de soledad ... Supongo que éste es inevitable.*

Petrina volvería a trabajar el lunes 27 de diciembre después de las vacaciones de navidad. Su experiencia de luchar a través de su enfermedad en el último mes era inolvidable. El proceso de recuperar su memoria reprimida mientras estaba en depresión era en sí mismo un trauma importante. Ella había continuado conscientemente a soltar su dolor almacenado – el dolor que estaba asociado con su relación con Aaron. Sabía que esta era una forma en la que había aprendido a perdonarse a sí misma y a los demás. Aunque el perdón había liberado un montón de su tensión emocional, también encontró que después de soltar, comenzó a experimentar dificultad para confiar en otras personas.

⇨ **Domingo,** *26 de diciembre*
Ahora que veo atrás es como si estuviera leyendo un libro de cuentos. Aunque he aprendido a ver las cosas de una forma más positiva, supongo que aún en cuanto a Aaron la esperanza es demasiado grande, por lo que aún hay una parte que no puedo dejar ir. Aunque la decepción está ahí, supongo que el amor es ciego. No importa cuanta decepción tengo por Aaron, aún soy capaz de perdonarlo. Al menos ahora no me molestaré en cuestionarme por qué hizo eso.

Para mí está terminado y estoy siguiendo adelante, eso es lo más importante, creo yo. Si puedo superar a Joshua, puedo superar a Aaron también. Dado que el dolor está aún ahí, lo que puedo hacer ahora es bloquear mi corazón hasta que la herida sane. Conforme pase el tiempo Aaron me dejará de afectar. Entre la Tristeza y la Felicidad, he elegido ser feliz y dejar que la naturaleza tome su lugar.

Conforme pasaba cada semana, otra capa de ansiedad y miedo se despojaba de Petrina mientras iba en busca de su yo verdadero. En ocasiones ella sentía que algo podía faltarle y que tenía que buscar respuestas. Aún así, mientras buscaba, encontraba que tenía que trabajar algunos de sus miedos, y eso incluía el miedo al abandono.

En su primer día de vuelta en el trabajo, parecía estar mucho más tranquila y confiada, comparada al tiempo antes de que fuera hospitalizada. Muchos de sus colegas estaban asombrados por su recuperación rápida y dramática. Algunos de ellos estaban más atraídos a ella mientras otros dudaban que estuviera lista para volver a trabajar. El Departamento de RH había recibido mi garantía de que ella estaba en buena forma física para volver a trabajar. Sin embargo, eran cautelosos delegándole tareas del trabajo. Cambiaron su estructura de reporte. Se le dijo que de ahora en adelante se reportaría directamente a su gerente en vez de a su ex-supervisora, Shirlene. Esto eliminaba un estresante ambiente para ella. Luego limitaron sus responsabilidades de trabajo a sólo manejar los registros de los pacientes y la eximieron de las facturas. A pesar de que la intención era buena, la aburría.

Más tarde ese día, pidió que se considerada un cambio en el enfoque de su trabajo. Había dos opciones – ya fuera como una asistente administrativa haciendo entradas de datos, archivando y escribiendo minutas, o trabajar en una posición equivalente atendiendo a pacientes internacionales en una clínica privada. Por un tiempo Petrina estaba considerando la segunda oferta en la clínica privada, porque el trabajo estaba asociado con una paga más alta y le daba tiempo de continuar sus estudios en las noches.

A diferencia de su supervisora previa, el nuevo gerente a quien se reportaba era extremadamente agradable y útil. La sorprendió personalmente llamando a varios policlínicos para preguntar sobre posibles oportunidades de trabajo en su nombre. No obstante, ahora ella se encontraba experimentando una creciente dificultad para confiar en otro hombre.

El 30 de diciembre Petrina tuvo un tercer sueño kármico. Se soñó a ella misma estando en un cuarto oscuro y escuchó a alguien preguntando: –¿Esperas a Aaron? La *llave* está con él …–

La sola mención de la llave la perturbaba. Había dibujado la llave en tres imágenes previas en su diario (Figs. 6, 7, 15) y en dos ocasiones como parte de sus sueños kármicos (Figs. 9, 19). Hasta ahora no tenía idea de por qué y cómo lo había hecho. El hecho de que siguiera dibujándola sugería que tenía un fuerte vínculo kármico con Aaron con el cual lidiar.

⇨ *Jueves, 30 de diciembre*
¡Es sobre la llave de nuevo! ¡Aaron se ha convertido en un fantasma que no para de atormentarme! Sin duda todavía siento algo por él, pero no puedo descifrar por qué es así, si después de lo que me hizo, el vínculo hacia él sigue siendo muy fuerte ...

Después de experimentar repetidamente sueños de vidas pasadas, Petrina estaba un poco abrumada por su curiosidad sobre el destino con Aaron. Decidió ir a una adivinación en el Templo Bugis Guanyin en la calle de Waterloo. Este templo era un lugar preferido para el augurio y siempre estaba lleno de turistas y visitantes locales. Según la leyenda, los deseos hechos aquí con frecuencia se vuelven realidad.

Al entrar al templo, prendió unos palitos de incienso, rezó e hizo una pregunta silenciosamente en su corazón: –¿Se acabó entre nosotros dos? (Ella y Aaron)

Luego tomó en sus manos el contenedor de "qian" o varas de adivinación de bambú. Agitó el contenedor hasta que una vara de bambú con un número de lote cayó. De las estanterías abiertas, obtuvo una hoja correspondiente que contenía un verso en caracteres chinos. Llevó la hoja al adivino residente del templo y le pidió ayuda en la interpretación.

– Asuntos pendientes se realizarán, – el adivino detrás de la mesa leyó la hoja y parafraseó la interpretación para ella.

¡Petrina estaba un poco sobresaltada y no sabía qué decir! ¿Qué exactamente era este asunto pendiente? ¿Y sería un resultado positivo?

*****

Petrina concertó conmigo otra cita clínica el 5 de enero del 2011. Discutimos sus preocupaciones y ambos sentimos la necesidad de investigar más en sus asuntos de vidas pasadas. Mi intención era trabajar con más regresiones a vidas pasadas para comprender la complejidad completa del problema.

Ella llegó a las 3:30 pm con su buen ánimo usual. Estaba de nuevo serena y radiante en su apariencia. Portaba su uniforme corporativo consistiendo de una blusa floreada, una chaqueta turquesa, una falda azul oscuro y zapatos negros. Me saludó cálidamente y rápidamente entramos en un interesante diálogo.

Ella fue franca y realista sobre su proceso de recuperación. Lo que era más importante, las perspectivas de su vida habían cambiado. –Claro, no puedo mejorar durante la noche. No es posible. Aunque la confianza esté muerta entre Aaron y yo, aún creo en mantenerlo como un amigo a quien quiero ayudar ... de una manera, dejándole saber que le estaba causando dolor a alguien, y que por favor no lo vuelva a hacer. Así que indirectamente estoy dando de vuelta a la sociedad.

Me gustaba la manera en que veía las cosas positivamente. Aunque su progreso había sido notable, había aún algunas ondulaciones en su piscina, que alguna vez fue turbulenta. En el todo, era un maravilloso resultado. A diferencia de los efectos farmacológicos, la hipnoterapia no trabajaba suprimiendo sus síntomas. En vez de eso liberaba sus emociones reprimidas a través de catarsis. Todos sus síntomas importantes se habían desvanecido. Ambos nos sentimos orgullosos de su logro.

Para esta segunda sesión de vidas pasadas, no necesité usar ninguna inducción larga. Sus emociones estaban fuertemente enfocadas en la imagen de la *llave*, y decidí usar las emociones alrededor de la llave como el puente de afecto. Para esta sesión también tenía la intención de guiarla para examinar cada pensamiento, sentimiento y sensación corporal super-cargada a través del proceso de regresión.

"Cierra tus ojos y toma tres respiraciones profundas ... Enfoca tu conciencia en la imagen de la llave ... Mira si puedes percibir algunas emociones surgiendo."

Petrina rápidamente entro en estado de trance.

– Estoy siendo protegida ...– susurró suavemente.

– Ahora enfócate en tu sentimiento de protección y recuerda otra ocasión en la que te sentiste de la misma forma. Deja que este sentimiento te lleve de vuelta a una vida pasada donde estabas teniendo los mismos sentimientos de protección.

–Estoy en un jardín, – susurró de nuevo. – Hay ríos ... y muchos soldados alrededor. – Comenzó a describir.

–Mírate a tí misma. ¿Qué vestimenta llevas puesta?– Intentaba personificarla en su vida pasada.

–Veo un fénix en mi vestimenta.

–¿Quién eres en esta vida pasada?

–Soy la Emperatriz.– No había duda que estaba en la misma vida pasada en la Dinastía Qing que había experimentado antes.

–¿Cuántos años tienes?

–Veintiséis, – dijo después de cierto titubeo.

–Mira tus pies y descríbeme lo que llevas puesto.

–Están muy ajustados ...– Buscó las palabras y luego se detuvo.

–¿Estás portando algo sobre tu cabeza? – Le animé a continuar hablando.

–Sí, un sombrero ... muy pesado ... hay flores ... de color dorado.

–¿De qué color es tu vestido?

–Rojo, negro y dorado.

–¿Hay alguien más junto a ti?

–La sirvienta. Está sirviendo té. Estamos esperando … el Emperador está volviendo.

–¿Ya está aquí? – Pregunté después de esperar un rato.

–No.

–¿Pero sabes que viene?

–Sí …– hizo una pausa y luego continuó. –El cadáver de un tigre blanco … Es un cadáver enviado por el Emperador.

Estaba sorprendido por la descripción. El tigre blanco es tradicionalmente conocido como un animal sobrenatural en China. Se sabe que preside el cuadrante del oeste en el cielo en la metafísica China. Es un símbolo de fortaleza y poder. Me preguntaba cuál era la relevancia del tigre blanco en la historia de su vida pasada.

–¿Qué más ves?

–La *llave* está colgando alrededor del cuerpo del tigre.– Continuaba sorprendiéndome.

–Descríbeme la llave.– Quería saber si esa era la misma llave que había estado impactando su vida.

–Dorada … con un rubí rojo en el centro.– Sonaba idéntica a su descripción anterior.

–¿Qué dijeron los soldados sobre el cadáver del tigre?

–Es un regalo del Emperador.– Luego prevaleció el silencio. Percibí que estaban pasando más cosas de las que podía describir.

Resultó ser que Petrina estaba profundamente ocupada en la visualización de un ritual imperial que se llevaba a cabo. El tigre blanco yacía sobre una larga mesa blanca cubierta con tela amarilla. Un número de platos de oro se colocaron alrededor del tigre. Los platos estaban hechos como porta velas en forma de loto. Quemaban visiblemente nueve velas. Se grabaron fechas en las velas y se escribieron en las pinturas que colgaban en el sitio de la ceremonia. Las fechas fueron escritas en Chino tradicional, lo cual no pudo descifrar. Sin embargo, en una de sus velas, ella vio un conjunto de caracteres que reconocía que significaban el octavo mes (八月). Un sacerdote rezaba en la ceremonia. En la mesa había un bol de vino y un cuenco de agua con un cuchillo colocado junto a él. Frente a ella en la mesa había dos copas de vino especiales, una con un grabado de un dragón y la otra con el grabado de un fénix. Todas estas imágenes eran muy claras y vívidas.

–¿Qué pasó luego, después de que viste la llave?
–El Emperador volvió.
–Descríbeme al Emperador.
–Es alto, muy moreno … ¡Oh! ¡Luce exactamente como Aaron!

Aparentemente el ritual que se estaba llevando a cabo tenía la intención de ser una ceremonia de unión y una declaración de amor eterno entre el Emperador y ella como la nueva Emperatriz. El Emperador tomó el cuchillo, cortó su dedo con él y permitió que goteara su sangre de la herida al bol de vino que luego fue mezclado con agua. Después de eso, derramó parte del contenido del bol sobre la llave y derramó lo restante en las dos copas de vino. Luego ella y el Emperador tomaron una copa cada uno y tomaron de ella juntos mientras se declaraban amor eterno el uno para el otro.

–Quiero que le preguntes al Emperador por qué la llave colgaba alrededor del cuello del tigre.
–Él mismo la puso alrededor del tigre. Es una protección para mí. Dijo que esta es la llave para nuestra vida. La llave me protegerá y estaré con él hasta que él muera.
–¿Cuáles eran tus emociones cuando escuchaste eso?
–Conmovida.
–¿Algún pensamiento en tu mente que vaya con esa emoción?
–Culpable.
–¿Qué te hace sentir culpable?
–Maté a la Emperatriz.
–¿Qué pasó después?

–El Emperador quito la llave del cuello del tigre y le pidió a la sirvienta que la lavara. Luego me envió la llave en una caja. Es una caja de madera. Recordaba que previamente había dibujado esta caja de madera en dos ocasiones en su diario (Figs. 6, 7) pero sin saber entonces su significado.
–Cuéntame más sobre la caja.
–Hay una carta dentro de la caja. Dice que la llave es un símbolo de amor. Es la llave a su corazón y a mi corazón ... Acepté la llave.
–¿Qué pasó después de eso?
Hubo una pausa antes de que continuara la historia.
–El Emperador vino. Dice que está cansado. Le acompañé a la cama ... el Emperador está durmiendo. No puedo dormir. Así que lavé las piernas y pies del Emperador. Después de eso me quedé dormida.
–Ve al punto en el que despiertas y dime lo que sucede.
–El Emperador envió un montón de doctores a verme ... estoy embarazada. Recetaron mucha medicina.
–¿En qué etapa está tu embarazo?
–Tres meses.
–¿Qué ocurrió después?
–Tengo pesadillas porque maté a la Emperatriz.
–¿Qué pasó después, luego de que experimentaste todas las pesadillas?
–Me suicidé.
–Dime cómo te suicidaste.
–Me colgué.– De nuevo, había consistencia con su regresión previa.
–¿En qué etapa estaba tu embarazo cuando te colgaste?
–Tres meses y medio.
–¿Dónde estás ahora? ¿Estás aún en tu cuerpo o te fuiste?
–Me fui.
–¿Ya dejaron todas las energías tu cuerpo?

–Sí.

–Bien, quiero que vayas al reino espiritual y hables con tu guía espiritual ... Dime, ¿puedes ver a tu guía espiritual ahora.

–Sí.

"¿Puedes preguntarle a tu guía espiritual sobre el significado de la llave?

–Se rió ... El Emperador me ama.

–Le puedes preguntar cuál es la conexión entre la llave en esta vida pasada y la llave en tu vida presente?

–Es una promesa. Le prometí al Emperador que envejecería junto con él.

–Quiero que te encuentres ahora con el Emperador en el reino espiritual, a la cuenta de tres. Uno, dos, tres ... ¿Está ya él ahí?

Con técnicas tomadas del psicodrama, estaba intentando animarla a dialogar con otros personajes de esa vida, para que pudiera obtener un nuevo entendimiento.

–Sí.

–¿Hay algo que quieras decirle al Emperador que no tuviste la oportunidad de decir mientras estabas viva?– Estimulé el diálogo para que se pudieran ofrecer disculpas en este momento y la culpa fuera aliviada.

–Le digo que lo siento. Dice que lo voy a compensar.

–Pregúntale cómo espera que lo compenses.

–Él vendrá a mí.

–¿Cómo vendrá él a ti? Y, ¿Cuándo vendrá a ti de nuevo?

–No me contestó.

–¿Hay algo más que le quieras decir al Emperador antes de que te vayas?

–Habrá más. Lo amo un montón.

–¿El Emperador tiene algo que decirte antes de que te vayas?

–Dice que me verá en mi siguiente vida.

–Ahora, ¿te gustaría ver a la Emperatriz a quien mataste en el reino espiritual?– Pensé que la animaría a resolver todos sus asuntos en este punto.

–No, – espetó.

–¿Puedes preguntar al guía espiritual por última vez; '¿Hay algún patrón en esta vida pasada que esté siendo repetido en la vida actual?'

–¡Dice que soy necia!

Después de esto saqué a Petrina del trance. En el momento en que emergió, verificó que Aaron era definitivamente el Emperador de la vida pasada.

Había recreado el punto de la muerte de su vida pasada hasta donde la oportunidad lo permitió porque ese es el evento psicológico con mayor relevancia para su bienestar en la vida presente. En una muerte horrible como colgándose, esperaría que muriera incompleta, sin decir adiós a sus seres queridos. Todas las emociones negativas con las que estaba preocupada al momento de la muerte, incluyendo la culpa, el miedo y el resentimiento, pudieron haberse adherido a su alma y viajado intactos a su vida actual. Pensé que su recreación del punto de la muerte podría haber proporcionado la oportunidad de revertir gran parte de los efectos de la negatividad. Sin embargo, la necedad se interpuso en su camino.

–De cualquier forma, esta sesión de vidas pasadas es sobre la *llave* y su vínculo. Es más como una promesa que en efecto hice con el Emperador, – dijo ella después de emerger.

A estas alturas, Petrina había obtenido una imagen más clara de qué se trata el vínculo kármico y cómo le había estado afectando. La *llave* apuntaba ahora hacia atrás a un origen en su vida pasada. Lo que no se dijo fue que apuntaría hacia delante a cambios potenciales en el futuro entre ella y Aaron.

–Con esta promesa, puedo entender la afinidad entre nosotros. ¡Lo que me preocupa más es si él volverá a atormentarme después! – Se rió. Yo pensaba que su preocupación era legítima.

Petrina era capaz de hablar libremente sobre Aaron en este punto. –Es el hombre más terrible que he conocido, – se rió. –De hecho es incluso peor que Joshua. Al menos Joshua tiene el valor

y reconoce lo que ha hecho, pero Aaron ha hecho todo y se aparta de todas las responsabilidades. – Volvió a reír.
–De cualquier forma, se terminó …– continuó mansamente.
–¡Un hombre tan hecho y ni siquiera se atreve a responder por lo que ha hecho! – Lo dijo en calma sin absolutamente ningún signo de agitación. Habría esperado que su voluntad para perdonar a Aaron señalaría el final del asunto pendiente. Pero, aunque la relación había terminado, el amor podía no haber muerto.

Ella se fue de la clínica esa tarde y parecía haber disfrutado tremendamente la sesión de terapia de vidas pasadas.

Capítulo Quince

La Transformación

> *Si quieres encoger algo,*
> *Primero habrás de dejarlo expandirse.*
> *Si quieres deshacerte de algo,*
> *Primero habrás de dejarlo florecer.*
> *Si quieres tomar algo,*
> *Primero habrás de dejar que sea dado.*
> *Esto se llama la percepción sutil*
> *De cómo son las cosas.*
>
> – Tao Te Ching

Los síntomas de desesperación habían desaparecido ya por completo. Era cada vez más obvio para todos sus colegas y amigos que había progresado más allá de la etapa inicial de la recuperación. El cambio en su persona le pareció a todos muy repentino, rápido y asombroso.

Ella había dejado de tener sueños de vidas pasadas desde la última regresión. Además, no había estado experimentando visiones espontáneas de la imagen de la llave. Todo parecía indicar que la conclusión de sus lazos kármicos con Aaron se habían desvanecido al punto que ya no le molestaba en el nivel inconsciente.

Ahora ella estaba consistentemente radiante en su complexión y magnética en su interacción social con otros. Sus colegas del trabajo cada vez se atraían más a ella. Incluso los asistentes de salud de edad avanzada en la Clínica Oftalmológica le invitaban a unirse a su sesión de charla y fumar durante la hora del almuerzo.

Por su parte ella se mezclaba libremente con ellos sin ningún escrúpulo.

Su imagen anterior era de una pequeña niña tímida e introvertida quien mantenía las cosas en gran medida en sí misma. Después de su alta del hospital, su personalidad nunca fue la misma. En el pasado, cuando alguien era grosero con ella, ella respondía con enojo, y cuando las cosas no iban a su manera se frustraba muy rápidamente. Su actitud abierta y tendencias extrovertidas ahora parecían permitirle manejar clientes difíciles en el mostrador principal sin problemas estos días.

En el pasado, Petrina era muy consciente de su falta de seguridad. Una vez me habló sobre la Jerarquía de Necesidades de Maslow y describió cómo ella había estado atorada en la capa de "seguridad" en algún punto. ¿Se había estado preguntado cómo sería capaz de llevar seguridad a su familia? Luego tuvo la idea incorrecta de casarse temprano como la solución. Pensaba que casándose podría obtener la seguridad que necesitaba de alguien. Se rió mientras recapitulaba cómo se las arreglaba antes en la vida.

Ahora veía las cosas de manera diferente. Admitió que su matrimonio temprano fue un error. Lo que buscaba en el matrimonio era seguridad y pagó un alto precio para aprender que nunca estuvo ahí. Paradójicamente, ahora que se había divorciado, se sentía muy segura. Podía darse felicidad a ella misma ahora. Nunca tuvo la oportunidad de experimentar seguridad y felicidad en el pasado, pero ahora tenía ambas.

–Tener una familia alrededor es una bendición,– dijo alegremente. –Mucha gente no tiene una familia a su alrededor ... Aplican las mismas viejas palabras – conténtate con lo que tienes y serás feliz.

Cautelosamente, traje el tema de sus sentimientos por Aaron de nuevo. Quería estar seguro que no albergaba ningún sentimiento residual negativo por ese hombre.

–No. Para nada. ¿Para qué querría continuar el karma?– dijo flemáticamente. –Es un ciclo, y veo el ciclo terminar. Si no comienzo siendo la que rompe el ciclo, quizás mis hijos lo harían en un futuro …– pausó con una tristeza sutil en su mente. –Puedo tener o no tener hijos en el futuro, porque mi ginecólogo dijo que aborté muy seguido, pero podrían sufrir si el karma continúa.

Estaba impresionado. Su pensamiento estaba iluminado. Era obvio que ya había hecho su viaje fuera de la depresión y estaba sintiendo una conexión con algo que había tocado y transformado su vida. Recordé cuando la conocí en las salas el 24 de noviembre, estaba afectada por la culpa. Ahora era capaz de usar el perdón como el antídoto para la culpa que había oscurecido su visión del mundo. Ahora era capaz de abrirse a otros a quienes había, en algún punto, rechazado. Yo sentía que tenía mucho que aprender de ella.

Petrina me volvió a visitar en mi clínica el 13 de enero. Mantuvo su mejora clínica y su paz interior brillaba con fuerza. Había roto todas sus conexiones con Aaron. Percibí que estaríamos alcanzando pronto el término de su terapia. A estas alturas había sido capaz de dejar atrás todos sus insultos emocionales y obstáculos. No obstante, yo quería administrar una sesión adicional para minimizar las posibilidades de que repitiera sus fracasos en el futuro. Por otra parte, una regresión adicional a la misma vida pasada descubriría detalles que se nos fueron en sesiones anteriores y reforzaría la sanación interior.

Se hundió rápidamente en estado de trance mientras usaba un método hipnótico de inducción. Llevarla de vuelta a la misma vida pasada fue una tarea fácil. La postura de su cuerpo se relajó rápidamente mientras su cabello largo y negro se vertía en riachuelos sobre la almohada.

Petrina regresó a un tiempo en China en el que ella era la Emperatriz durante la Dinastía Qing. De nuevo, pudo claramente identificar al Emperador como Aaron. La misma llave que seguía apareciendo en sus sueños y en sus dibujos estaba colgando alrededor de su cuello.

–Estoy con el Emperador en una sesión de la corte, – susurró.

–¿Qué se discute? – Pregunté.

–Hay una sequía. El Emperador está enviando gente al lugar para ayudarles.

–¿Cuál es tu rol en ello? – Pregunté.

–Ayudo a la persona a cargo a preparar y enviar raciones a las víctimas. También ... envío a doctores a ayudarles.

Luego deduje de Petrina que el Emperador se quitó la llave de su cuello y la colocó alrededor del suyo antes de que emprendieran juntos el viaje.

–¿Qué pasó después?

–Sigo al Emperador al pueblo. Quiere ver cómo lleva la gente su vida ...

–Hay una multitud de mendigos y me siento mal por ellos, – continuó. –El Emperador ordena que se les construyan casas. El clima es demasiado cálido ... me desmayé ... Volvemos a la posada ... y vienen los doctores ... –

–¿Qué dijeron los doctores sobre tu desmayo?

–Estoy embarazada ... cinco semanas ... Volvemos al palacio. El Emperador lleva un montón de regalos.

–¿Cuáles son tus emociones cuando sabes que estás embarazada?

–Perdida ...

–¿Qué haces después?

–Descanso ... estoy tomando una gran cantidad de tónicos ... siento náuseas ... el Emperador está feliz. Me visita todos los días. La gente en el palacio se está preparando para la venida del bebé ... ahora tengo dos meses de embarazo ... no estoy feliz. No estoy lista para ser una mamá.

–¿Qué pasó cuando te enteraste que no estabas lista?

–Me lo guardo ... entro en depresión ... sueño con la Emperatriz previa y me siento culpable. Esto sigue para mí por un mes, y al final de ello me suicido … no merezco ser feliz, porque maté a la Emperatriz.

Había ido entonces al punto de la muerte y todas sus energías habían dejado su cuerpo. La llevé al reino espiritual para encontrarse con su guía espiritual y averiguar la lección que ella debía aprender de esta vida.

–Seguir adelante, – dijo ella.

–Pregunta a tu guía espiritual si hay un patrón en la vida pasada que esté siendo repetido en tu vida presente. –

–Necia.

–Encuéntrate con la Emperatriz pasada en el reino espiritual. ¿Está ahí ahora? –

–Sí.

–¿La reconoces como alguien que conoces en la vida presente?– Pregunté cuidadosamente, esperando obtener una pista importante.

–No, – contestó firmemente.

–Habla con ella y di lo que sea que no hayas tenido la oportunidad de decir cuando estabas viva.

Hubo silencio.

–¿Hay algo que ella te quiera decir?

–Es retribución …

–¿A qué se refiere con retribución?

–Aaron.

–¿A qué se refiere con eso? – Me sentí intrigado.

–No sé …

–¿Hay algo más que quieras decirle?

–No, – dijo neciamente.

–¿Cómo te sientes hacia ella ahora?

–No le debo nada, – replicó.

–¿El Emperador tiene algo que decirte a ti?

–Él dice que no ha terminado aún.

–Pregúntale a qué se refiere con eso.

–Él dice: 'Si no puedo tenerte en esta vida, serás mía aún en la vida siguiente.'
–¿Cómo le contestas cuando oyes esto?
–¡Disparates! – Había un tono de desafío en su voz.
–Ahora … ¿hay algo más que quisieras decirle antes de que te vayas?
–No.
–Me gustaría que te encontraras con tu bebé nonato a la cuenta de tres. ¿Ves al bebé ahora?
–Sí.
–¿Tienes algo que decirle?
–Lo siento …
–¿Te gustaría darle un abrazo antes de dejarlo?
–No.
–¿No sientes pena por él?
–Sí.
–¿No quieres darle un abrazo?
–No. No quiero.
–A la cuenta de tres te pediré que abandones el reino espiritual y vayas a un lugar de sanación.– Después de eso dejé que Petrina se sumergiera en la energía sanadora del ambiente por varios momentos antes de eventualmente sacarla del trance.

Emergió en paz. Lucía calmada y compuesta y sonrió poco después de abrir sus ojos. Después de que se levantó del sofá, concluyó que su vínculo kármico con Aaron no se había terminado por completo. Sin embargo, tenía la sensación de que lo que fuera que sucediera después sería poco probable que resultara en una reconciliación o le molestase en ningún grado significativo.

En los días siguientes, la vida de Petrina volvió a la normalidad. Me actualizaba en intervalos menos frecuentes ahora. Había vuelto a sus grupos sociales y estaba experimentando mucha diversión con ellos en el trabajo. También había vuelto a abrir su cuenta de Facebook, de manera que ella podía continuar con su red social más activamente.

El 27 de enero recibí un repentino mensaje emocional de Petrina. Había hecho un descubrimiento asombroso para ella a través de surfear en Facebook. ¡Visitó la página de Facebook de Aaron y descubrió algo que la conmocionó!

Aparentemente Aaron había tenido una relación cercana con una chica llamada Cordelia y llevaban esta relación estable desde el 25 de diciembre del 2009. Cordelia trabajaba en un banco y su relación con Aaron había comenzado unos siete meses antes de que Aaron y Petrina empezaran a salir.

¡Este era otro momento de verdad, pero uno emocional!

Petrina había tenido inicialmente dificultad aferrándose al dolor que había resultado. Siempre había odiado las mentiras, y el sentimiento de que le mintieran era peor cuando la deshonestidad involucraba relaciones románticas. Aaron ya había roto una promesa que le hizo a ella una vez antes y la lastimó mucho en el proceso. Con este nuevo hallazgo inmediatamente se plantearon varias preguntas: ¿Tomó Aaron en algún momento en serio su relación en el pasado? ¿Realmente se opusieron sus padres a su relación en primer lugar? Y si lo hicieron, ¿fue esa la razón esencial para el rompimiento? ¿O era porque desde el principio nunca quiso abandonar a Cordelia?

No había manera de que obtuviera las respuestas. Luego visitó la página de Facebook de Cordelia para averiguar más. Conforme aparecía la foto de perfil en la pantalla de la computadora, tuvo una sensación de incomodidad y algo inquietante sobre la foto – las cejas delgadas, el puente nasal plano, la barbilla afilada y el semblante sentimental. Mientras miraba la foto de perfil y se permitía hundirse más profundamente en su apariencia, un rayo de familiaridad surgió a través de su cuerpo entero. ¡Sentía que debía reunirse con esta muchacha!

Se organizó para encontrarse con Cordelia en persona y apenas podía creer la verdad cuando se pararon cara a cara. Era un reconocimiento sorprendente – ¡Cordelia era la Emperatriz a quien había conocido en su vida pasada mientras ella era una concubina imperial! Esta familiaridad repentina la sacudió de pies a cabeza y se tomó un minuto para absorber esta realización.

Las piezas del rompecabezas kármico finalmente habían llegado y se habían acomodado perfectamente. Esta muchacha a quien odiaba tanto en su vida pasada había vuelto. ¡Aaron y su Emperatriz habían vuelto a atormentarla en su vida actual! ¡Era un momento emocional y una conmoción enervante! La historia de su vida pasada estaba siendo reproducida en su vida actual, pero con un script modificado. Era desgarrador.

Durante los próximos dos días, reflexionó sobre la situación. Luego se preguntó a sí misma varias veces: ¿Por qué no debería aceptar lo que ha pasado? ¿Por qué no puedo usar el perdón como el antídoto a lo que alguna vez oscureció mi vida? ¿Por qué debería definirme por quién está en mi contra?

Gradualmente aceptó la situación.

Sábado, 29 de enero
⇨ *12:13 pm*

Si Aaron me puede traicionar a mí una vez, lo puede hacer de nuevo con ella ... Como Aaron, yo también tengo mucho drama ocurrido en el pasado, así que aunque estén juntos yo creo que recordará que me debe bastante y esto permanecerá profundamente en su corazón. A final de cuentas Cordelia sentirá la presión ... Siento pena por ella, como la sentía en mi vida pasada.

Las regresiones a vidas pasadas se habían auto-validado para Petrina, pero lo más importante era que le proporcionaron una sanación significativa. Su corazón estaba mucho más lleno de gracia que antes. No obstante, la experiencia de sentir que el asunto pendiente se lleva de una vida a otra se había intensificado después de que conoció a Cordelia. Esto había sido bastante abrumador. Después de algún tiempo, le llegó otra ola de realización. Si había matado a esta muchacha en su vida pasada y estaba ahora de vuelta en la vida actual y enredada en el mismo triángulo romántico, ¿estaba destinada a repetir el mismo patrón? Y si estaba destinada a repetir el patrón de la vida pasada ahora, ¿había una manera de cambiar el ciclo kármico?

Sábado, 29 de enero
⇨ *7:38 am,*
Siento que la emoción era realmente fuerte ... Es muy difícil definir exactamente qué fue lo que ocurrió entre nosotros tres pero causa una conmoción que todo se está repitiendo exactamente como ocurrió durante la vida pasada.

Estaba preocupado de que los síntomas de la enfermedad de Petrina volvieran a ser precipitados con este nuevo giro de los acontecimientos. Sin embargo, no fue así. Como en todo camino de evolución personal, ella tenía que enfrentarse a obstáculos, peligros y dificultades, pero este hecho no la desalentó de proceder con su forma de envolvimiento personal. Su fuerte auto-conciencia había salvado el día. Entendió que la decisión final si quería actualizar o traicionar sus potencialidades permanecía en ella.

Los días pasaron. No experimentó más desmayos ni escuchó ninguna de las voces que solían atormentarla. La calma había permanecido con ella y su racionalidad había prevalecido. Su aceptación de la realidad era la "bienvenida" que ella había extendido a su auto-conciencia. No le tomó mucho tiempo decidir que estaba en su libre albedrío poder simplemente cortar el cordón psíquico con Aaron. Quería seguir adelante con la vida sin mirar atrás.

–Usted puede estar seguro de que estoy bien,– me escribió alegremente. –La gente siempre dice que el tiempo curará todo, ¿cierto? Nada es imposible siempre y cuando haya decidido seguir adelante … Aaron está fuera de mi vida futura totalmente …

*****

Mientras tanto el departamento de RH había logrado concertar una nueva posición adecuada para Petrina. Tampoco estaba dispuesta a permitirse estancar en su trabajo actual. Quería continuar su educación y tenía interés en cambiarse a un nuevo ambiente laboral que le pudiera proporcionar el tiempo de estudio en las tardes.

Petrina buscó activamente oportunidades de trabajo en el sector privado. Eventualmente, después de varias entrevistas, se aseguró un trabajo con un mejor salario como asistente clínica en una clínica de ginecología en Orchard Road. Su último día de trabajo fue el 14 de febrero del 2011, y felizmente me informó al respecto.

–¿Por qué una clínica de ginecología?– Pregunté. Con su historial de tres abortos emocionalmente perturbadores, me preocupaba el riesgo de que sus emociones negativas fueran disparadas de nuevo.

–No se preocupe,– contestó. –Estoy preparada para encarar y aceptar mi pasado; ese es el por qué he elegido trabajar en una clínica de ginecología … Aún practico la meditación todos los días, así que no tengo ningún estrés o sentimiento inestable en absoluto.

Epílogo

Han pasado tres meses desde que Petrina emprendió su viaje transformador (Fig. 21). Ahora esta volviendo a vivir su vida como una persona distinta, en un estilo diferente. Se divierte mucho en las tardes con su grupo social y suele llegar tarde a casa.

Fig. 21: El Viaje Transformador

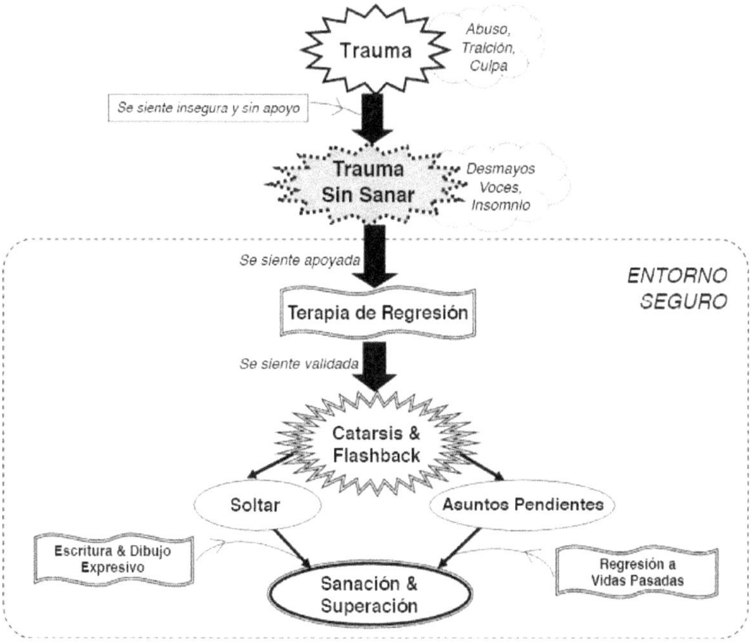

Está muy contenta con su nuevo trabajo como asistente clínica y desde entonces ha alcanzado armonía en sí misma. Su jefe en el nuevo lugar de trabajo es extremadamente amigable y cariñoso con todo su personal de la clínica, y le ha delegado cuidar de las cuentas de la clínica y de todos los asuntos financieros. Se lleva muy bien con sus otras dos colegas y disfruta del ambiente laboral feliz y placentero.

Me sentí maravilloso un día cuando me animó a escribir la historia de su enfermedad y recuperación. Ha encontrado significado y propósito en su vida. También completó su asunto pendiente y le dio cierre. No obstante, no ha olvidado a Fabian.

El 13 de marzo del 2011 es el 28avo cumpleaños de Fabian, pero desafortunadamente ya no se encuentra físicamente para celebrarlo. Petrina se siente muy triste este día. Originalmente habían planeado una vacación juntos. Ella se iría a un viaje corto con Fabian para celebrar su cumpleaños y ella no lo ha olvidado. En ese día se siente extremadamente acongojada. Hay una sensación abrumadora de culpa de su parte y tiene problemas encontrando paz interior.

Llora mucho en casa ese día. Después de liberar las emociones se siente mejor y le dedica un pasaje.

13 de marzo, Feliz Cumpleaños a mi querido amigo que falleció el año pasado ... Tengo un montón de cosas que contarte ... Fabian. ¡Feliz Cumpleaños! Lamentablemente no he sido capaz de compensar por mis fechorías pasadas ... y mi corazón me ha dolido desde entonces ... Tantas cosas tristes han pasado, incluyendo el error irreparable que cometí. Mi esperanza ahora es que tú eres capaz de percibir mi remordimiento desde el Cielo ... De aquí en adelante me atesoraré más a mí y a mi propia vida para no decepcionarte.

Con este mensaje especial ella dio un cierre a la culpa persistente que le había estado preocupando.

Apéndice

Al leer la historia de una paciente con emociones de montaña rusa y tantos síntomas clínicos perturbadores, frecuentemente hay una tendencia a ser absorbido por los detalles y perder de vista la perspectiva completa. La gráfica abajo tiene como objetivo trazar la secuencia de los diferentes síntomas y eventos en una línea del tiempo simple para mostrar el progreso clínico de Petrina durante el relativamente corto periodo cuando se le dio terapia intensiva. Es de notar la forma abrupta en que sus síntomas clínicos se detuvieron. Lo que persistió durante su fase de recuperación, no obstante, fueron sus sueños kármicos. Estos indican fuertemente una conexión de vidas pasadas como la base de sus problemas en la vida actual.

Fig. 22: Gráfica de Progreso Clínico

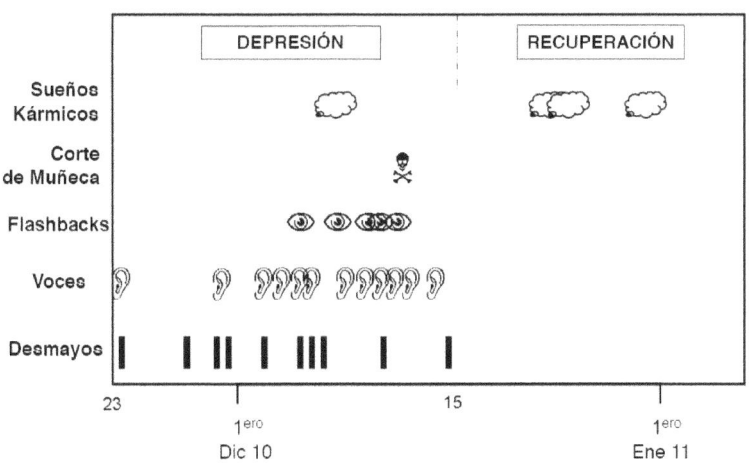

Glosario

Adivinación – viene de la palabra en latín *divinare*, que significa "prever". Es un intento de obtener revelaciones ocultas al conocimiento u obtener una respuesta a una pregunta por medio de un ritual.

Alprazolam – es una droga potente de acción corta del grupo de la benzodiacepina, frecuentemente comercializada como Xanax. Es usada para tratar desórdenes de ansiedad de moderados a severos y ataques de pánico.

Alucinación auditiva – se refiere a escuchar voces que no tienen origen físico. La palabra "alucinación" viene del latín y significa "vagar mentalmente". Aunque el síntoma es más comúnmente asociado con la esquizofrenia y los desórdenes bipolares, lo que se entiende actualmente como su base psicológica es una falla para activar aquellas partes del cerebro asociadas con el monitoreo del discurso interior. El mecanismo es de confusión entre el discurso "escuchado" y el discurso "interior". Cuando la distinción entre el discurso y la percepción del discurso se rompe, la propia voz interior del sujeto parece exterior. La expresión entonces adquiere la calidad de una voz ajena o una voz hablando a través de un altavoz.

Amnesia – es la pérdida de un gran bloque de memorias interrelacionadas.

Catalepsia – significa fuerza, rigidez e inmovilidad. Se refiere al endurecimiento del cuerpo o de una parte específica del cuerpo, tanto como una extremidad, lo cual puede ser inducido por el hipnotismo. Es una característica del estado de trance.

Catarsis – es un término frecuentemente usado en la psicoterapia para indicar un estado extremo de liberación emocional. La palabra se originó del Griego y significa "limpiar" o "purgar". Aristóteles usaba el término para describir las emociones experimentadas por los personajes de una obra o causadas en la audiencia que observa una tragedia. Se cree que la experiencia de limpieza derivada tiene un efecto correctivo o sanador. En la hipnosis y en la terapia de regresión este término se usa para describir la experiencia de emociones profundas asociadas con los eventos del pasado del paciente, los cuales han sido inadecuadamente abordados.

Clarividente – El término viene de Francés; *clair* significa claro y *voyance* visión. La palabra se refiere a alguien que tiene el poder de ver objetos o acciones u obtener información más allá del rango de visión natural.

Deméter – es la diosa griega de la cosecha, quien controlaba las estaciones y presidía sobre la santidad del matrimonio. La historia era que su hija era secuestrada por Hades, dios del inframundo. La vida se detuvo mientras Deméter, deprimida, vagaba por la Tierra, buscando día y noche a su hija perdida.

Disociación – es un término acuñado por el neurólogo Pierre Janet, quien articuló primero el principio clínico de las memorias traumáticas como la causa subyacente de los desórdenes disociativos. Describió la amnesia como la característica principal de la disociación y explicó cómo las experiencias desintegradas y emocionalmente cargadas que llevan a la disociación, pueden influenciar la vida interior y relaciones de uno. Estas memorias son accesibles usualmente bajo hipnosis.

EEG – son las iniciales para encefalograma. Es un mapa de la actividad eléctrica espontánea del cerebro registrada poniendo múltiples electrodos sobre el cuero cabelludo.

Escaneo TC – es una técnica de imagen especializada que puede producir imágenes de secciones transversales del cerebro. Emplea la tomografía creada por el procesamiento de una computadora. El escaneo TC del cerebro se usa típicamente para detectar tumores, infartos cerebrales, trauma, hemorragia y calcificaciones.

Farmacoterapia – es el tratamiento de enfermedades y desórdenes a través del uso de drogas.

Flashback – es una memoria recurrente involuntaria en la que el individuo experimenta una experiencia poderosa y repentina del pasado. Usualmente es una experiencia personal que aparece en la conciencia de uno sin un intento premeditado de buscarla. La memoria es a menudo traumática.

Hipnagógico – El estado hipnagógico es la zona fronteriza entre estar despierto y quedarse dormido. Para algunas personas este es un tiempo en el que ocurren alucinaciones visuales o auditivas.

Hipnosis – es una interacción cooperativa en la que el paciente responde a las sugestiones del terapeuta. Su uso fue promovido por el Dr. Elliotson, el médico que introdujo el estetoscopio a Inglaterra. El término hipnosis se deriva del *neuro-hipnotismo* (sueño nervioso) acuñado por el cirujano Escocés James Braid alrededor de 1841. Braid pensó que la sugestión hipnótica era la base de la sanación. Durante la Primera Guerra Mundial, cuando se encontraba una incidencia tremenda de neurosis de guerra, Ernst Simmel, un psicoanalista alemán, usó la hipnosis para su tratamiento. La fusión de la hipnosis con el psicoanálisis permitió que la hipnosis jugara un papel destacado en el tratamiento de la fatiga de combate durante la Segunda Guerra Mundial. Después de la Segunda Guerra Mundial, el Dr. Milton Erickson clarificó que la hipnosis era realmente un estado de concentración enfocada de la mente relajada en el que todos entramos espontánea y frecuentemente.

Insomnio – se refiere a las dificultades de un individuo para dormirse y permanecer dormido.

Jerarquía de Maslow – es un modelo motivacional desarrollado por Abraham Maslow en los 1950s. Todos estamos motivados por necesidades y Maslow explica cómo estas necesidades nos motivan. Argumentaba que sólo cuando las necesidades de orden menor de bienestar físico y emocional están satisfechas, nos preocupamos por las necesidades de orden mayor de influencia y desarrollo personal.

Karma – significa "acción" o "hacer" y es usado específicamente para aquellas acciones que surgen de la intención de alguien que no está iluminado. Karma es la ley de la causalidad moral. Explica la causa de la inequidad que existe entre la humanidad. La desigualdad se atribuye no sólo a la herencia y al entorno, sino también a los resultados de nuestras propias acciones del pasado y nuestras acciones presentes. Nos recuerda que nosotros solos somos responsables de nuestra propia felicidad y miseria.

Lote – se refiere a un conjunto de varas de bambú que se lanzan de un contenedor para decidir la respuesta a una pregunta por medio del azar. La vara individual de bambú con el número de LOTE correspondiente indicará la respuesta a la pregunta.

Meditación – se refiere a la práctica en la que un individuo se auto-induce un modo de conciencia para alcanzar paz interior y calma. La palabra *meditar* viene de la raíz latina *meditatum*, que significa reflexionar. En el estado meditativo, el individuo experimenta relajación, concentración y un estado alterado de conciencia. Corresponde al estado alfa de los registros del EEG.

Negación – es un complejo mecanismo de defensa que involucra el no reconocimiento de un problema por parte del individuo para evitar su conciencia de la realidad de una experiencia traumática.

Cuando esto interfiere con la acción racional para sanar el dolor, se convierte en una forma de mala adaptación.

Niño Interior – es un concepto de la psicología analítica que se refiere al aspecto de niño de la psique interior de una persona. Es la parte de nosotros que está viva, energética, creativa y realizada. También se puede considerar como una subpersonalidad. Frecuentemente el término se refiere a la memoria emocional y las experiencias guardadas en la mente subconsciente, y usado para abordar experiencias subjetivas de la infancia.

Nordazepam – es un derivado de la benzodiacepina y un metabolito activo del diazepam comercializado como Nordaz. Tiene propiedades ansiolíticas, relajante-musculares y sedativas y es usado principalmente en el tratamiento de la ansiedad.

Ojo mental – se refiere a la habilidad natural humana de experimentar imaginería visual mental. Médicamente, se sabe que el núcleo geniculado lateral y la corteza visual se activan en estudios de resonancia magnética funcional (en inglés fMRI) durante tareas de imaginería mental.

Prueba de mesa inclinada – es un procedimiento médico usado para encontrar la causa del síncope. Involucra que el paciente se recueste en una mesa especial, estando conectado a un ECG y monitores de presión sanguínea. La mesa luego crea un cambio en la posición de recostada a parada.

Prueba simpática de respuesta de la piel – es una prueba simple y no invasiva para evaluar la integridad del sistema nervioso simpático. Involucra la medición del potencial eléctrico generado en las glándulas sudoríparas.

Psicoterapia – es el tratamiento de un desajuste psicológico a través de un rango de técnicas psicológicas tal como el psicoanálisis, terapia grupal o terapia conductual.

Puente de Afecto – una técnica comúnmente usada en la terapia de regresión. La técnica forma un puente entre sentimientos y se usa cuando el terapeuta intenta localizar la causa raíz del problema del paciente. Cuando el paciente presenta su problema en forma de una emoción o un sentimiento, el terapeuta induce al paciente a entrar en trance y hace que la mente subconsciente del paciente vuelva al punto en el tiempo cuando la emoción se experimentó por primera vez. Esto lleva a la regresión de vuelta al evento inicial que precipitó el problema.

Quimioterapia – se refiere al uso de drogas antineoplásicas para el tratamiento de las células cancerosas. También se refiere a la combinación de drogas citotóxicas usadas en un régimen de tratamiento anti-cáncer.

Regresión – la palabra significa volver a un estado anterior o menos avanzado. En el contexto psicoanalítico se refiere al regreso a un estado cronológicamente anterior o a un patrón de comportamiento menos adaptado. La terapia de regresión es una técnica de sanación basada en la premisa de que todo lo que el individuo ha experimentado contiene una cierta cantidad de emoción que es registrada en la mente subconsciente.

Regresión a vidas pasadas – es una técnica usada para recuperar memorias de vidas pasadas llevada a cabo en un escenario psicoterapéutico. Involucra que el paciente responda una serie de preguntas mientras está bajo trance para revelar su identidad y eventos en una vida pasada. Vivir de nuevo una vida pasada y re-enmarcar la experiencia de los eventos en la vida pasada a menudo ayuda en la sanación.

Reiki – la palabra está compuesta por dos palabras japonesas: "Rei" que significa Sabiduría Superior y "Ki" que es la Energía de la Fuerza de la Vida. Es una técnica de sanación administrada con la colocación de manos para activar los procesos naturales de sanación del cuerpo del paciente. Está basada en el concepto de que una fuerza invisible del Universo fluye a través de la superficie palmar de las manos del sanador al paciente. Es una técnica antigua de sanación del Budismo Tibetano que fue redescubierta por el Dr. Mikao Usui en 1922 y re-desarrollada para su uso generalizado.

Síncope vasovagal – es una forma de desmayo que es mediada por el nervio vago del cerebro. Hay ya sea (i) una caída en el pulso cardíaco que conduce a un rendimiento cardíaco reducido o (ii) una vasodilatación periférica seguida por una caída en la presión sanguínea que conduce al desmayo.

Sonambulismo – es un profundo estado hipnótico en el que el paciente tiene posesión completa de sus sentidos pero no tiene recuerdos subsecuentes.

Sueño de vidas pasadas – es usualmente de una naturaleza muy vívida. A diferencia de los sueños ordinarios, los sueños de vidas pasadas tienen mucho detalle histórico, pueden aparecer como pesadillas recurrentes y el individuo no es capaz de cambiar la secuencia de eventos sin importar cuanto lo intente. Estos sueños frecuentemente explican hábitos extraños y comportamientos inusuales y muestran los orígenes de los problemas emocionales y espirituales del individuo.

Terapia – viene de la palabra griega *therapeia*, que significa sanación. En el contexto médico, se refiere al tratamiento de la enfermedad. Cuando el término es usado sin especificar, frecuentemente se toma como sinónimo de la psicoterapia.

Terapia de Partes – es una de las técnicas usada en hipnoterapia para la resolución de un conflicto. Está basada en el concepto de que la personalidad del individuo está compuesta por un número de subpersonalidades diferentes, o "partes". Estas diferentes subcategorías de personalidad juegan cada una un rol distinto en la mente interior. En un profundo estado hipnótico, el terapeuta puede hablar con cada una de estas "partes" y el paciente puede resolver su conflicto interior al salir.

Tinnitus – es la percepción de un sonido dentro del oído en la ausencia de sonido externo. El síntoma frecuentemente es descrito por el paciente como un "sonido agudo".

Viaje del Héroe – Este es un concepto arquetípico que describe las pruebas y aflicciones de un individuo quien experimentó graves dificultades para cosechar los frutos de su labor. El concepto es derivado de la mitología comparativa en la que el "héroe" en el mundo ordinario comienza su viaje para entrar en un mundo inusual de extraños eventos al recibir un llamado. Después de embarcarse en el viaje maneja tareas desafiantes y resuelve problemas difíciles, frecuentemente solo. En la cima del suspenso, el héroe sobrevive un grave desafío con la ayuda que obtuvo a lo largo del camino. Luego adquiere un don que le ayuda a descubrir un autoconocimiento importante y a mejorar el mundo a su regreso.

Lecturas Complementarias

Churchill, R., *Regression Hypnotherapy – Transcripts of Transformation,* **Transforming Press, 2002.** Este libro contiene material didáctico y transcripciones completas de sesiones de regresión a la vida actual para una variedad de condiciones incluyendo fobias, falta de confianza, saboteo del éxito, relaciones poco saludables, abuso y miedo al abandono. Es una excelente guía para principiantes y también un texto útil para terapeutas experimentados.

Engel, B., *The Emotionally Abused Woman – Overcoming Destructive Patterns and Reclaiming Yourself,* **Fawcett Books, 1992.** Un psicoterapeuta quien escribe de sus propias cicatrices emocionales ha escrito un maravilloso libro sobre el entendimiento de patrones destructivos del abusador emocional, así como del emocionalmente abusado y sobre cómo romper el ciclo para lograr la sanación.

Gordon, J.S., *Unstuck – Your Guide to the Seven-Stage Journey out of Depression,* **Penguin Books, 2008.** Un psiquiatra internacionalmente reconocido y pionero en la medicina integrativa expone sus perspectivas sobre el uso de drogas en la psiquiatría biológica moderna y cómo usa un método alternativo para ayudar a sus pacientes a salir de la depresión con un enfoque no-farmacológico.

LaBay, M.L., *Past Life Regression – A Guide for Practitioners,* **Trafford Publishing, 2004.** Un libro de lectura ligera sobre la práctica de la terapia de vidas pasadas que incorpora historias de la experiencia personal y profesional de la autora. La autora mezcla técnicas de hipnoterapia con filosofía, intuición y vidas pasadas para catalizar el crecimiento y la transformación en sus pacientes.

Lucas, W.B., *Regression Therapy – A Handbook for Professionals. Vols. I & II,* **Book Solid Press, 1992.** Los dos son clásicos. Este es un trabajo de autores múltiples sobre la terapia de regresión compilado por un psicólogo profesional y un analista Jungiano. El Volumen I se enfoca en la terapia de vidas pasadas, mientras el Volumen II se relaciona con las experiencias prenatales y de parto, traumas de la infancia y la muerte.

Schwartz, R., *Your Soul's Plan,* **Frog Books, 2007.** Una excelente exploración a profundidad de por qué encarnamos, escogemos a nuestros padres y nuestras lecciones de vida usando diez estudios de caso cautivantes.

Ten Dam, H., *Deep Healing,* **Tasso, 1996.** Técnicas de Terapia de Regresión usadas por Hans, quien es uno de los pioneros en la Terapia de Regresión. Hans ha entrenado a estudiantes en Holanda, Brasil e internacionalmente por más de 20 años.

Tomlinson, A., *Sanando el Alma Eterna,* **From the Heart Press, 2012.** Este es un trabajo de referencia definitiva en terapia de regresión. Andy comparte su valiosa experiencia a detalle y usa estudios de casos concretos para ilustrar sus puntos y técnicas. Este libro es imprescindible para cualquier practicante de terapia de regresión y capturará a cualquier lector interesado en el tema.

Tomlinson, A., *Explorando el Alma Eterna,* **From the Heart Press, 2012.** Andy lleva al lector más allá de las experiencias de la muerte y da una amplia y exhaustiva explicación sobre la terapia de regresión a la Vida Entre Vidas. Pone el contenido de manera estructurada, de manera que es fácil seguir y entender qué está pasando. Este es un libro altamente recomendable para entender sobre nuestras elecciones de vida, y también para lectores que tengan curiosidad sobre lo que nos espera después de la muerte.

Tomlinson, A. (ed), *Transformando el Alma Eterna*, **From the Heart Press, 2011.** Escrito como una continuación de *Sanando el Alma Eterna,* está lleno de casos de estudio esclarecedores y especializado en técnicas de terapia de regresión. Los capítulos incluyen: empoderar al cliente; el trabajo con clientes difíciles; regresión espiritual al niño interior; limpieza de la energía oscura; terapia de cristales en la regresión; terapia integradora en la vida actual del cliente; manejo de una emergencia espiritual.

Whitfield, C.L., *Memory and Abuse – Remembering and Healing the Effects of Trauma*, **Health Communications Inc., 1995.** El autor es un reconocido psicoterapeuta y pionero en la ayuda de las personas en peligro por violencia familiar y trauma. Comparte su conocimiento y experiencia con aquellos en la profesión de quienes necesitan ayudar a sus pacientes a sanar.

Whitfield, C.L., *Healing the Child Within*, **Health Communications Inc., 2006.** Este es uno de los primeros libros a explorar y define el concepto y los principios subyacentes del tratamiento del "Niño interior", basado en las observaciones del autor del proceso de sanación en aquellos de sus pacientes quienes han sido traumatizados cuando eran niños.

Woolger, R.J., *Other Lives, Other Selves – A Jungian Psychotherapist Discovers Past Lives*, **Bantam Books, 1988.** Un libro fascinante que presenta perspectivas originales sobre la psicología emergente de la reencarnación. El libro se basa en la ciencia occidental y la espiritualidad oriental, y explica cómo las vidas pasadas pueden formar la base de transformación y sanar nuestras vidas.

Woolger, R.J., *Healing Your Past Lives*, **Sounds True Inc., 2004.** Este breve libro proporciona una serie de estudios de casos interesantes que ilustran el poder de descubrir las vidas pasadas en el proceso de sanación. Da perspectiva sobre cómo los síntomas de la vida actual pueden estar relacionados con dramas de vidas pasadas y memorias congeladas. También proporciona al lector la llave para descubrir los misterios y preguntas con las que luchan en sus vidas actuales.

Worthington Jr., E.L., *Forgiving and Reconciling – Bridges to Wholeness and Hope*, **InterVarsity Press, 2003.** Un psicólogo y consejero ha escrito un maravilloso libro sobre las características del perdón y los pasos prácticos hacia el logro del perdón y la reconciliación. La sabiduría del libro viene tanto de investigación científica y el asesinato de la madre del autor.

Asociaciones de Terapia de Regresión

Society of Medical Advance and Research with Regression Therapy (SMAR-RT)
Este es un grupo internacional de investigadores llevado por doctores quienes comparten la visión de causar la integración de enfoques complementarios y holísticos en la medicina. Conduce investigación médica usando terapia de regresión y promueve la terapia de regresión a la profesión médica y al público en general. A través de la investigación también contribuye a mejorar la efectividad de la terapia de regresión.
Sitio Web: http://www.smar-rt.com

Spiritual Regression Therapy Association (SRTA) – Esta es una asociación internacional de terapeutas de regresión que respetan la naturaleza espiritual de sus clientes. Establecida por Andy Tomlinson, son entrenados profesionalmente por la *Past Life Regression Academy* con estándares internacionales y trabajan bajo un código ético que respeta el bienestar del cliente.
Sitio Web: http://www.regressionassociation.com

Earth Association of Regression Therapy (EARTh) – Esta es una asociación independiente mundial con el objetivo de crear y mantener un estándar internacional en terapia de regresión y mejorar y crecer su aceptación profesional. Cada verano ofrece una serie de talleres para el desarrollo profesional continuo. El sitio web tiene una lista de organizaciones internacionales acreditadas de entrenamiento de terapia.
Sitio Web: http://www.earth-association.org

International Board of Regression Therapy (IBRT) – Esta es una junta internacional independiente evaluadora y certificadora para terapeutas de vidas pasadas, investigadores y programas de entrenamiento. Su misión es establecer estándares profesionales para terapeutas de regresión y organizaciones. El sitio web tiene una lista de organizaciones de entrenamiento de vidas pasadas internacionales acreditadas.

Sitio Web: http://www.ibrt.org

Sobre el Autor

El Dr. Peter Mack recibió su educación médica de posgrado de la Universidad de Singapur y emprendió una especialización en posgrado en el campo de la cirugía general. Obtuvo sus Becas del Royal College of Surgeons de Edimburgo y el College of Physicians and Surgeons de Glasgow, Reino Unido. Labora en el Hospital General de Singapur y tiene otros varios títulos. Tiene un doctorado en Ciencia Médica de la University of Lund, Suecia, y otras tres Maestrías, en Administración de Empresas, Economía de la Salud y Educación Médica. A través de los años en su práctica médica, ha desarrollado un interés especial en la Hipnoterapia Clínica y ha obtenido certificación de la National Guild of Hypnotists (NGH), la International Medical and Dental Hypnotherapy Association (IMDHA) y la International Association of Counselors and Therapists (IACT). También tiene un Diploma en Terapia de Regresión de la Past Life Regression Academy (PLRA).

Para contactar al autor por email: dr02162h@yahoo.com.sg

Otros Libros del Autor

Momentos que Cambian la Vida en la Sanación Interior

Este libro es una lectura encantadora y describe a cuatro pacientes quienes tenían una variedad de síntomas incluyendo insomnio, sueños aterradores, fobia al agua y a las serpientes, postergación, ira, pérdida de memoria, miedo al éxito, miedo a hablar en público y dolores inexplicables. A través de revivir y re-encuadrar sus historias de vidas pasadas bajo trance todos fueron capaces de obtener mejores comprensiones de su ser espiritual y alcanzar sanación.

"Las historias de vidas pasadas son muy interesantes y fascinantes, en efecto adictivas." – Wendy Yeung, Terapeuta Holística

"¡Un libro asombroso, un regalo para la humanidad realmente maravilloso y una excelente lectura!" – Andy Tomlinson, autor de *'Sanando el Alma Eterna.'*

www.ingramcontent.com/pod-product-compliance
Lightning Source LLC
Chambersburg PA
CBHW052019290426
44112CB00014B/2299